Este libro está dedicado a todos los *Main Streets* del mundo – esto se refiere a la gente que forma parte de la economía real; es decir, la gente que no pertenece a la comunidad de Wall Street, bancos, e instituciones financieras. Main Street incluye a:

❖ *Miles de millones que viven en pobreza alrededor del mundo*
❖ *Cerca de 100 MILLONES de ciudadanos de EE. UU desempleados*
❖ *Subempleados*
❖ *Personas sin hogar*
❖ *Jubilados*
❖ *Veteranos*
❖ *Personal de la fuerza Militar*
❖ *Maestros*
❖ *Amas de casa*
❖ *Estudiantes*
❖ *...*
❖ *¡Y a todo aquel que tenga deseos de generar un ingreso extra!*

< i >

**Otros libros de la autora Iris Marie Mack, Phd, EMBA**

*Energy Trading and Risk Management: A Practical Approach to Hedging, Trading and Portfolio Diversification* (Wiley Finance) 1st Edition

*Mama says, "Money Doesn't Grow on Trees!" (World of Dr. Mackamatix Mathematics Edutainment Book)*

< ii >

# CONTENIDO

**Prefacio**      **vi**

0.1 Estrategia de Trading Blindada

0.2 Resumen del Libro      vii

     viii

**Agradecimientos**      **x**

**Sobre la Autora**      **xi**

**Sobre los Coautores**      **xii**

**Referencias**      **xiii**

**Capítulo 1**

**Introducción**      **1**

1.1 Problema-Reacción-Solución      2

1.2 ¡No se Enoje! ¡Salga Adelante!      3

1.3 Rescate de Main Street Vía "Alquiler de Acciones"      4

1.4 "Matemáticas" del Desempleo en EE. UU      5

1.5 Lista de Verificación para Calls Cubiertas      6

1.6 Aviso Legal: TradeStation Technologies, Inc.

1.7 Resumen del Capítulo      7

Referencias      7

     8

< iii >

**Capítulo 2**

**Rescates bancarios de Main Street y la Reserva**     9
**Federal**
2.1 Rescates de Main Street para Wall Street y los     10
Bancos Extranjeros: TARP
2.2 Rescates de la Reserva Federal a Bancos     14
Nacionales y Extranjeros
         2.2.1 Reserva Federal– una     14
         Organización "Independiente"
         2.2.2 Reserva Federal "Propiedad     15
         Privada"
         2.2.3 Estructura Operativa de     18
         Corporación Privada
         2.2.4 Poder Monetario Único     19
         2.2.5 Rescates Secretos de la     24
         Reserva Federal a Bancos
         Nacionales y Extranjeros
2.3 Resumen del Capítulo     25
Referencias     26


**Capítulo 3**

**Rescate de Main Street**     29
3.1 Derivados     31
3.2 La Pirámide de Derivados     32
3.3 *Bailouts vs. Bail-ins*     34
3.4 Resumen del Capítulo     35
Referencias     36


**Capítulo 4**

**Opciones Sobre Acciones**     **38**
4.1 Definición de un Contrato de Opciones     39
4.2 Terminología Clave y Necesaria para Entender     40
los Contratos de Opciones
4.3 Opciones Call y Put     42
4.4 Fundamentos Básicos Estrategias de Trading     43
de Opciones
4.5 TradeStation: Símbolos de Opciones     45
4.6 Ilustración de Estrategias de Opciones Call     47
         4.6.1 Estrategia de Compra de Call     47

         4.6.2 Estrategia de Venta de Call     50
4.7 Resumen del Capítulo
Referencias     53
    54

< vi >

**Capítulo 5**

    **Grado de Dinero de las Opciones**     **55**

    5.1 Analogía Carrera de Caballos     56

    5.2 Valor Intrínseco de una Opción     57

    5.3 Opciones In-the-Money (ITM)     59

    5.4 Opciones At-the-Money (ATM)     61

    5.5 Opciones Out-of-the-Money (OTM)     63

    5.6 Resumen del Capítulo     65

    Referencias     68

**Capítulo 6**

    **¡No Se Enoje, Salga Adelante!: Rescates de**

    **Wall Street Para Main Street**     **69**

    6.1 Opciones de Calls Cubiertas     71

    6.2 Alquile sus Acciones     73

    6.3 Ilustraciones de la Estrategia de Calls Cubiertas     74

    6.4 Diagramas Payoff de Calls Cubiertas

    6.5 Hoja De Cálculo y Payoff de Calls Cubiertas     77

    6.6 Resumen del Capítulo     79

    Referencias     80

    82

**Capítulo 7**

    **Calls Cubiertas: Beneficios, Riesgos y Análisis FODA**

    7.1 Beneficios de la Estrategia de Calls Cubiertas     **83**

        7.1.1 La Estrategia de Calls     84

        Cubiertas Proporciona Protección a la

        Baja

        7.1.2 La Estrategia de Calls     86

        Cubiertas Permite Generar Ingresos por

        "Alquilar" las Acciones

    7.2 Riesgos de la Estrategia de Calls Cubiertas     87

    7.3 Análisis FODA de la Estrategia de Calls     88

    Cubiertas

        7.3.1 FORTALEZAS de la Estrategia     90

        de Calls Cubiertas

        7.3.2 DEBILIDADES de la Estrategia     90

        de Calls Cubiertas

        7.3.3 OPORTUNIDADES de la     91

        Estrategia de Calls Cubiertas

        7.3.4 AMENAZAS de la Estrategia     92

        de Calls Cubiertas

    7.4 Resumen del Capítulo     92

    Referencias     94

**Índice**     **96**

< v >

# PREFACIO

Aprendí mucho mientras que investigué y escribí este libro – hay muchas cosas que podría mencionar. Sin embargo, una de las cosas más increíbles la aprendí al hablar con estudiantes de varios programas de Maestría en Finanzas de diferentes universidades. Los estudiantes contaron que sus maestros rara vez – o jamás – mencionaban el papel que la Reserva Federal (el Banco Central de Estados Unidos) juega en nuestro sistema monetario. Al principio, pensé que los estudiantes bromeaban, así que le pedí a uno de ellos que programara una reunión con uno de sus maestros y que explícitamente le preguntara sobre la Reserva Federal. La estudiante comentó que su reunión no resultó exitosa ya que el maestro no habló del tema – solo mencionó información irrelevante durante unos cuantos minutos prometiendo retomar el tema en otra ocasión, lo cual nunca sucedió.

Tenga en cuenta que muchos de estos estudiantes terminan trabajando en las instituciones financieras de Wall Street o en otros centros financieros del mundo. Ahora usted tiene que detenerse y hacerse la siguiente pregunta:

> *Si a los estudiantes de nivel maestría que estudian Finanzas en las universidades más importantes no se les enseña sobre el papel que la Reserva Federal juega en nuestro sistema monetario, ¿Cómo podemos esperar que la persona promedio conozca a esta misteriosa entidad y entienda las muchas maneras en las que afecta su vida?*

Esta sorprendente revelación sobre la educación financiera en los Estados Unidos inmediatamente trajo a la mente la siguiente cita por parte de nuestro difunto presidente John Fitzgerald Kennedy (Kennedy, 1961).

> *"La palabra 'secreto' es repugnante en una sociedad libre y abierta; y somos como pueblo inherente e históricamente opuesto a sociedades secretas, a juramentos secretos y procedimientos secretos."*

< vi >

Probablemente se está preguntando, ¿A quién le importa? ¿Qué tiene que ver con este libro la Reserva Federal? Usted vino aquí a aprender cómo hacer dinero; y a aprender la supuesta estrategia blindada que mencionamos. Por lo tanto, no hay necesidad de preocuparse. Sin embargo, hay algunos asuntos importantes que tenemos que discutir – como la Reserva Federal – para ayudarle a entender cómo obtener ganancias usando esta estrategia blindada.

## 0.1 ESTRATEGIA DE TRADING BLINDADA

Por si usted no esta familiarizado, el *"trading"* consiste en realizar operaciones en el mercado financiero, ya sea una compra o una venta con la intención de obtener una ganancia. Se puede hacer con acciones, con futuros referenciados a índices bursátiles, con derivados, con materias primas (commodities) y también con divisas.

En los últimos años he impartido cursos de trading de energía y gestión de riesgos – a nivel de universidad y master - para ejecutivos de Wall Street en Europa y Asia.

En las conferencias y laboratorios de trading que he realizado sobre la estrategia blindada discutida e ilustrada en este libro, siempre me he dado cuenta de una transformación que ocurre en muchos de mis alumnos. Es como si una bombilla se encendiera en su cabeza. Pareciera que al sentarse, escucharan atentamente lo que estoy tratando de impartir. Es simplemente fascinante en las conferencias y laboratorios poder observar esto.

Eventualmente, tuve la idea de empezar a hablar acerca de esta estrategia de trading blindada con familiares, amigos, colegas y hasta algunos desconocidos, para obtener su reacción. Sorprendentemente, esta fue casi la misma reacción de muchos de mis alumnos. Algunos incluso se molestaron y preguntaron, *"¿por qué diablos mi bróker no me ha comentado acerca de esto?"*

Varias personas hasta han llegado a preguntarme, y algunos incluso a exigirme, que personalmente les enseñe sobre esta estrategia de trading. Algunos inclusive han solicitado si pudiera tomar algo de su dinero y hacer operaciones, en su nombre, en mi portafolio personal. Un par de ellos incluso comenzó a leer mi libro de trading de energía publicado recientemente (Mack, 2014) para intentar aprender más sobre esta estrategia de trading. Sin embargo, para su disgusto, este libro es demasiado técnico. Por esta razón me decidí a escribir este libro sobre esta estrategia blindada dirigido hacia la persona promedio – basado en algunos de los conceptos más técnicos presentados en mi libro de trading de energía.

< vii >

Mis coautores y yo tenemos mucha experiencia con esta estrategia de trading blindada – académicamente, profesionalmente, y en nuestros portafolios personales. Adicionalmente, tuvimos la oportunidad de probar esta estrategia en situaciones difíciles, como en la reciente volatilidad del mercado a causa del Brexit (Wheeler, 2016). Por lo tanto, para nosotros esta estrategia no es solo académica. Es la gran herramienta que nos ayudó a ganar dinero, y que nos protegió cuando los mercados cayeron poco después de que el Reino Unido decidiera salir de la Unión Europea. Cuando usted termine de leer este libro, ¡deberá ser capaz de usar esta estrategia blindada sin problemas!

## 0.2 RESUMEN DEL LIBRO

Algunas de las características principales de este libro son los numerosos ejemplos, casos de estudio, diagramas, e ilustraciones de la estrategia de trading blindada, las cuales te ayudaran a generar ingresos inmediatamente.

La estructura de los capítulos de este libro es la siguiente:

**Capítulo 1: Introducción** – La Crisis Financiera 2007-2009, Rescates Bancarios, la Reserva Federal, "Renta" de Acciones, Opciones de Calls Cubiertas, "Matemáticas" del Desempleo," TradeStation, Lista de verificación para Calls Cubiertas, www.MainStBailout.com

**Capítulo 2: Rescates bancarios por parte de Main Street y la Reserva Federal** – Departamento de Tesorería de Estados Unidos, *Troubled Asset Relief Program* (TARP), Reserva Federal, Rescates de la Reserva Federal a Bancos Nacionales y Extranjeros

**Capítulo 3: Rescate de Main Street** - Derivados, La Piramide de Derivados, Rescates Financieros, *Bailout* y *Bail-in*.

**Capítulo 4: Opciones Sobre Acciones**– Contratos de Opciones, Opciones Call, Opciones Put, Estrategias de Trading de Opciones, TradeStation: Simbología de Opciones, Estrategia de Opciones Compra de Call, Estrategia de Opciones Venta de Call

< viii >

**Capítulo 5: Grado de Dinero de las Opciones** – Grado de Dinero de las Opciones, Analogía Carrera de Caballos, Valor Intrínseco de una Opción, In-the-Money (ITM), At-the-Money (ATM), Out-of-the-Money (OTM)

**Capítulo 6: ¡No Se Enoje, Salga Adelante!: Rescates de Wall Street para Main Street** – Estrategia de Calls Cubiertas, Alquilar Acciones, Ilustraciones de la Estrategia de Calls Cubiertas, Diagramas Payoff de Calls Cubiertas, Hoja De Cálculo Y Diagramas Payoff de Calls Cubiertas, www.MainStBailout.com

**Capítulo 7: Calls Cubiertas: Beneficios, Riesgos y Análisis FODA** – Protección a la Baja, Ingresos por "Alquiler de Acciones", Análisis FODA (Fortalezas, Oportunidades, Debilidades, Amenazas) para Estrategia de Opciones de Calls Cubiertas

< ix >

# AGRADECIMIENTOS

Me gustaría agradecer la ayuda de todas las personas y organizaciones involucradas en el proyecto de este libro.

- ❖ **Coautores** – Algunos de mis antiguos alumnos y asistentes de enseñanza en mis clases de trading de energía en la Escuela Freeman de Negocios de la Universidad de Tulane: Jiacheng Fu (Aaron), Xiaogang Han (Miami), Xuyan Shi (Sarah) and Jingyuan Xue (Wilson)
- ❖ **Editor Profesional**– Wayne H. Purdin
- ❖ **Artista Gráfico** – Mohammad Asif de *JaZaa Financial Advisory*
- ❖ **Ilustrador Portada Libro**– Jose Julian Ramirez Rivas
- ❖ **Traductor del libro a Español**– David Treviño Treviño
- ❖ **Indexador Profesional** – Jessica McCurdy Crooks de *Next Index Services, LLC.*
- ❖ **TradeStation Securities, Inc.** – Director Educativo Jesus Nava por permitir el uso de cuentas de trading e información de mercados para desarrollar casos de estudio y ejemplos para el libro.
- ❖ **Reseñas del Libro**– Gustavo Ayala; Pye Ian, MBA; Alexei Kazakov, PhD; Michael C. Thomsett, PhD; David Treviño Treviño, MBA; Cheng Wang, MBA

Sin el arduo trabajo, paciencia, apoyo y dedicación de estas personas y organizaciones, este libro no se habría hecho realidad.

< x >

# SOBRE LA AUTORA

**Iris Marie Mack, PhD, EMBA**, obtuvo un doctorado en matemáticas aplicadas por la Universidad de Harvard. También recibió una beca para el Executive MBA de MIT Sloan por parte de London Business School. La Dra. Mack trabajó en varias entidades de energía y financieras, fue miembro de la facultad de MIT, y trabajó en la NASA y AT&T Bell Labs, donde obtuvo una patente para la investigación de fibras ópticas.

Actualmente imparte cursos en trading de energía y gestión de riesgos para el programa de Fitch Learning **Certificado de Finanzas Cuantitativas** en Wall Street y en la Universidad de Tulane. Por su amplio conocimiento en los temas de derivados, trading de energía y banca de inversión, ha sido invitada a escribir columnas de opinión para la edición británica de *International Business Times*.

La Dra. Mack también ha sido nombrada dentro de las Top 10 mujeres trabajadoras por *Glamour Magazine*, y cabe mencionar que ella no es una escritora principiante. Este será su tercer libro enfocado en finanzas y publicado – incluyendo su libro de trading de energía publicado con Wiley Finance, y un libro de educación financiera para adolescentes y adultos. Con esta amplitud de experiencia y destreza intelectual, la Dra. Mack es más que capaz de ayudar a los lectores a alcanzar la estabilidad financiera que merecen (Mack, 2004; Mack, 2011; Mack, 2014)

Adicionalmente, fundó el sitio web *The Global Energy Post* así como también *MathQED* – un sitio web de apoyo para labores escolares de estudiantes de universidad y del K-12. Previamente conocida como *Phat Math*, este sitio ha sido reconocido como uno de los *Top 50 Sitios Sociales para Educadores y Académicos, Top 25 Sitios Sociales para Estudiantes de Posgrado, y Top 25 Sitios para Networking de Estudiantes de Posgrado*. Tales reconocimientos demuestran la habilidad que tiene la Dra. Mack para informar claramente a las masas. (Learn-O-Rama, 2016; OnlineMastersDegree, 2011; PhDProgramsOnline, 2011)

< xi >

# SOBRE LOS COAUTORES

| Coautor | Biografía |
|---|---|
| Jiacheng Fu (Aaron) | **Jiacheng Fu** obtuvo un posgrado en Finanzas en 2015, y en Gestión de Energía en 2016, – ambos por la Universidad de Tulane. Durante sus estudios, trabajó como asistente de enseñanza para los cursos de *Energy Fundamental and Trading* de la Dra. Iris Mack. Actualmente forma parte de la empresa *Lize Big-Data Asset Management,* Empresa de gestión de activos y servicios de tecnología de información para las industrias Financiera y de Energía. La empresa se enfoca en diseño de estrategia de trading. El Sr. Fu es coautor del Capítulo 4. |
| Xiaogang Han (Miami) | **Xiaogang Han** obtuvo un posgrado en Finanzas en la Universidad de Tulane. Después decidió trabajar en China. Actualmente trabaja en Shanghai Huatong Silver Exchange. Está encargado del trading, gestión de riesgos, diseño de derivados y acuerdos para la empresa. Aprobó el nivel 1 del CFA y del FRM, y se esta preparando para los siguientes. El Sr. Han es coautor de los Capítulos 5 y 6. |
| Xuyan Shi (Sarah) | **Xuyan Shi** obtuvo un posgrado en Finanzas en la Universidad de Tulane en 2016. Durante sus estudios, trabajó como asistente de enseñanza para los cursos de *Energy Fundamental and Trading* de la Dra. Iris Mack. Tras su graduación, trabajó en la ciudad de Nueva York en la empresa ClipperData LLC como Analista de Información de Energía. En su puesto, estaba a cargo del análisis de datos financieros y de producción para empresas de energía norteamericanas. La Srita. Shi es coautora del Capítulo 2. |
| Jingyuan Xue (Wilson) | **Jingyuan Xue** obtuvo su posgrado en Gestión de Energía en la Universidad de Tulane en 2015. Posteriormente, eligió regresar a China para trabajar en Huaneng Group – el grupo de energía eléctrica mas grande del mundo. Actualmente se enfoca en el mercado Chino y global de Carbón, así como también en inversiones de proyectos de energía renovable. El Sr. Xue es coautor del Capítulo 7. |

< xii >

# REFERENCIAS

President John Fitzgerald Kennedy, *John F. Kennedy Speeches*, http://www.jfklibrary.org/Research/Research-Aids/JFK-Speeches/American-Newspaper-Publishers-Association_19610427.aspx, 1961.

Learn-O-Rama, *Top 50 Social Sites for Educators and Academics*, http://www.dualmasters.org/top-50-social-sites-for-educators-and-academics.html, 2016.

Mack, Iris Marie, *Mama says, "Money Doesn't Grow on Trees!"* Xlibris, https://www.amazon.com/Mama-says-%20Money-Doesnt-%20Trees-%20ebook/dp/B00DH9NY5E?ie=UTF8&keywords=iris%20mack&qid=1464219653&ref_=sr_1_4&sr%20=8-4, 2004.

Mack, Iris Marie, *Mama says, "Money Doesn't Grow on Trees!"* Createspace, https://www.amazon.com/Mama-says-%20Money-Doesnt-%20Trees/dp/1456502905/ref=sr_1_5?ie=UTF8&qid=1464219653&sr=8-5&keywords=iris+mack, 2011.

Mack, Iris Marie, *Energy Trading and Risk Management: A Practical Approach to Hedging, Trading and Portfolio Diversification*, Wiley Finance, Singapore, https://www.amazon.com/Energy-Trading-Risk-Management-Diversification/dp/1118339339/ref=sr_1_1?s=books&ie=UTF8&qid=1473991942&sr=1-1&keywords=iris+marie+mack, 2014.

OnlineMastersDegree, *25 Savvy Social Media Sites for Grad Students*, http://onlinemastersdegree.org/25-savvy-social-media-sites-for-grad-students/, 2011.

PhDProgramsOnline, *25 Useful Networking Sites for Grad Students*, http://www.phdprogramsonline.org/25-useful-networking-sites-for-grad-students.html, 2011.

Wheeler, Brian and Alex Hunt, "Brexit: All You Need to Know About the UK Leaving the EU," *BBC*, *[Brexit: Todo Lo Que Debes Saber Sobre la Renuncia de Reino Unido de la Unión Europea ]*, http://www.bbc.com/news/uk-politics-32810887, 2016.

< xiii >

# CAPÍTULO 1

## INTRODUCCIÓN

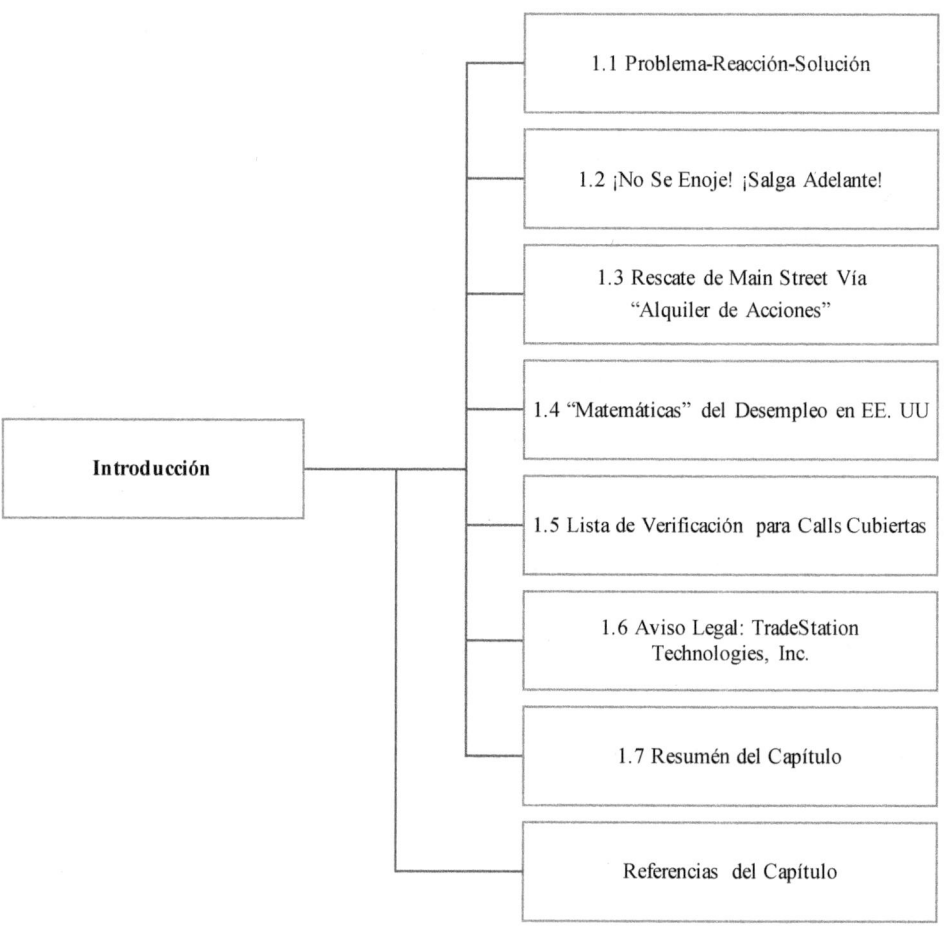

Introducción

- 1.1 Problema-Reacción-Solución
- 1.2 ¡No Se Enoje! ¡Salga Adelante!
- 1.3 Rescate de Main Street Vía "Alquiler de Acciones"
- 1.4 "Matemáticas" del Desempleo en EE. UU
- 1.5 Lista de Verificación para Calls Cubiertas
- 1.6 Aviso Legal: TradeStation Technologies, Inc.
- 1.7 Resumén del Capítulo
- Referencias del Capítulo

< 1 >

# CAPÍTULO 1

## INTRODUCCIÓN

## 1.1 PROBLEMA-REACCIÓN-SOLUCIÓN

Para establecer la estructura de nuestro libro, usaremos lo que se conoce como la **Dialéctica Hegeliana**. Esta es una metodología creada por Georg Wilhelm Friedrich Hegel, filósofo alemán del siglo XIX. La dialéctica hegeliana se expresa comúnmente en su forma más simple como "Problema-Reacción-Solución" (Parrish, 2014). Más explícitamente, un *"agente de cambio"* emplea la dialéctica hegeliana:

1. Crea un *problema* ó crisis
2. Fomenta la *reacción*
3. Intenta controlar el resultado final al ofrecer una *solución*

Como se ha documentado en numerosos libros, artículos académicos, noticias, películas, etc., la crisis financiera de 2007-2009 condujo a rescates muy grandes para los bancos y algunas compañías de seguros. Resumimos estas crisis financieras y rescates posteriores utilizando la dialéctica hegeliana en la Figura 1.1 (Elliott, 2011; Huddleston, 2015).

*Figura 1.1:* **Crisis Financiera de 2007-2009 y Rescates Bancarios**

| PROBLEMA | REACCIÓN | SOLUCIÓN |
|---|---|---|
| La crisis financiera de 2007-09 es considerada como la peor crisis financiera desde la Gran Depresión en los 1930's. | El Secretario de Tesorería Hank Paulson, el Presidente de la Reserva Federal Ben Bernanke, etc., mencionaron que esta crisis financiera amenazó seriamente a los bancos e instituciones financieras más grandes. | Rescates para los bancos domésticos y otras instituciones financieras (cortesía de los contribuyentes de Estados Unidos): 1.Miles de millones de dólares en rescates por parte de la Tesorería de Estados Unidos 2.Billones de dólares en rescates por parte de la Reserva Federal |

< 2 >

Mientras que mucha gente está consciente de los miles de millones de dólares en rescates bancarios por parte de la Tesorería de Estados Unidos, probablemente desconocen de los billones de dólares en rescates bancarios por parte de la Reserva Federal. En el Capítulo 2, discutiremos a mayor detalle estos rescates bancarios.

# 1.2 ¡NO SE ENOJE! ¡SALGA ADELANTE!

Seguramente la mayoría de las personas estarán de acuerdo en que los rescates de los bancos hicieron muy poco por ayudar al *99%* de las personas en Main Street. Aunque me enoje de vez en cuando pensar que los pobres y la clase media rescataron a los bancos mas fuertes, decidí ser proactiva y en su lugar ayudar a Main Street a tratar de conseguir algunos rescates también.

Cuando la gente me pide describir brevemente la estrategia blindada en este libro, les digo que se puede resumir en los siguientes tres pasos:

1. Lo que voy a enseñar en este libro es completamente *¡legal!* ¿Por qué? Porque Wall Street paga a sus banqueros, cabilderos y abogados para ir a Capitol Hill y asegurar que las actividades sean legales (Dayen, 2015).

2. La estrategia de trading que voy a enseñar en este libro también es muy buena. Después de todo, traders de Wall Street en Goldman Sachs utilizan esta estrategia y su CEO LLoyd Blankfein dice que solo *¡están haciendo la obra de Dios!* (Phillips, 2009).

3. Lo que voy a enseñar es cómo hacer un trade de un determinado tipo de contrato financiero y *ganar dinero cuanto antes.*

Pero antes de hacer todo esto, necesito definir e ilustrar algunos conceptos de mercados financieros y trading en los capítulos posteriores. La gente promedio de *Main Street debería también poder gozar del mismo privilegio que Wall Street*, para que no estén enojados por más rescates bancarios, por lo menos antes de que los mercados colapsen otra vez.(Berger, 2016).

< 3 >

*¡No se enoje!¡Salga adelante!* Deje de perder tiempo precioso enojándose con los banqueros de Wall Street. Mejor aprenda algunas de sus estrategias de trading "legales" y empareje la situación. Una vez que lo haga, tendrá más poder y dinero para mejorar la situación económica de su familia. ¿Le parece justo dejar que los banqueros de Wall Street se lleven todo el dinero?

# 1.3 RESCATE DE MAIN STREET VIA "ALQUILER DE ACCIONES"

Muchos inversionistas compran acciones con la esperanza de que aumentarán de valor – no para que permanezcan inmóviles en su portafolio. Sin embargo, no todas las inversiones generan ingresos tan rápido como nos gustaría. Pero no hay necesidad de preocuparse. El inversionista puede usar acciones que están experimentando un crecimiento lento o estancado para generar ingresos adicionales "alquilando" estas acciones. Estas rentas proveen liquidez al mercado de valores – asegurando que haya suficientes vendedores y compradores.

> **Analogía simple**: Los inversionistas de bienes raíces inteligentes nunca dejarían sus propiedades vacantes en estado inactivo. Hacen todo lo posible para arrendar o alquilar estas propiedades y generar ingresos. De manera similar, los inversionistas también pueden "alquilar" las acciones en sus portafolios, mediante la utilización de la estrategia de este libro.

En la Figura 1.2, encontrará un diagrama de lo que planeamos discutir e ilustrar en los capítulos posteriores: *alquiler de acciones con trading de opciones call cubiertas.* Este tipo de opción permite a los inversionistas generar ingresos adicionales en su portafolios. La estrategia es muy segura, de hecho, que es conveniente para la mayoría de las cuentas de retiro. ¡Cuando usted termine de leer este libro, estará de acuerdo que la estrategia está blindada!

< 4 >

**Figura 1.2:** Rescate de Main Street Vía "Alquiler de Acciones"

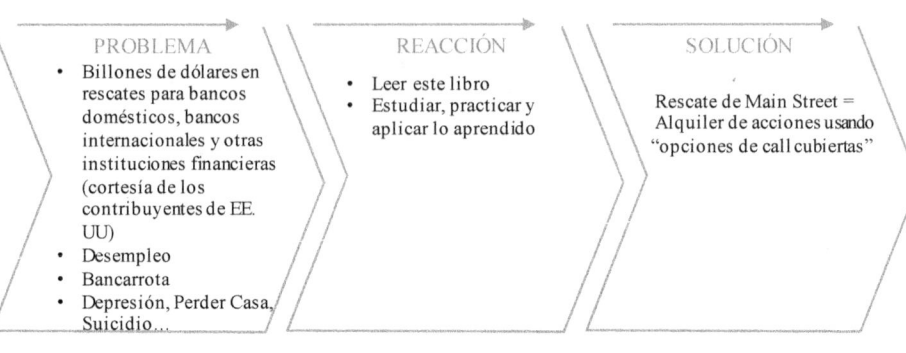

# 1.4 "MATEMÁTICAS" DEL DESEMPLEO EN EE. UU

Hace algunos años, escribí un artículo sobre algunas de las metodologías analíticas empleadas por economistas y estadísticos en la Oficina de Estadísticas Laborales, *Bureau of Labor Statistics* (BLS) en inglés, para calcular la tasa de desempleo oficial de Estados Unidos (Mack, 2011). Esencialmente, cada mes el gobierno de Estados Unidos muestra una "matemáticas" de desempleo muy interesante – como se ilustra en este ejemplo.

**Ejemplo**: El 7 de Octubre del 2016, la BLS liberó su reporte mensual con la información del desempleo – resumida en la Tabla 1.1.

**Table 1.1:** *"Matemáticas" del Desempleo (October 7, 2016)*

| Ciudadanos "Participando" en la Fuerza Laboral | Ciudadanos NO "Participando" en la Fuerza Laboral | Tasa de Desempleo "Oficial" |
|---|---|---|
| 159,907,000 (de 254,091,000 ciudadanos de al menos 16 años de edad) | 94,184,000 (de 254,091,000 ciudadanos de al menos 16 años de edad) | |
| 62.9% | 37.1% | 5.0% |

< 5 >

Por un lado, la BLS anunció que la tasa de desempleo "oficial" fue de 5.0%. Sin embargo, por otro lado, informó que 37.1% de los estadounidenses de edad mayor o igual a 16 años no "participan" en la fuerza laboral.

Nota: La BLS determina que una persona "participa" en la fuerza laboral, si tiene trabajo o se encuentra buscando uno (Jones, 2016).

¿Probablemente se esté preguntando la importancia que tiene mencionar estos datos de la BLS? Bueno, es seguro que muchas personas en Main Street podrían necesitar un rescate - especialmente el 37.1% de los estadounidenses que NO "participaban" en la fuerza laboral en Octubre de 2016. Por lo tanto, si estos 94,184,000 estadounidenses tienen acceso a una computadora y a internet, entonces muchos de ellos pueden aprender a utilizar la estrategia de trading que se discute en este libro para adquirir nuevos conocimientos y quizá ganar algo de dinero también.

# 1.5 LISTA DE VERIFICACIÓN PARA CALLS CUBIERTAS

Para cuando termine este libro, usted tendrá un plan detallado sobre cómo alquilar sus acciones en la bolsa, y obtener algunos rescates de forma regular. Si eres nuevo a los mercados financieros, te recomendamos que estudies este libro un capitulo a la vez. Además, quizá desee trabajar con un socio, inversionista, o grupo de personas que también estén leyendo el libro.

Para facilitar el proceso de aprendizaje, de vez en cuando ofrecemos varios recursos e información financiera en nuestro sitio web www.MainStBailout.com. En particular, una de las herramientas que ofrecemos es una *Lista de Verificación para Calls Cubiertas*. Esta lista será una gran herramienta para clubes de inversión, inversionistas, maestros, estudiantes, amas de casa, jubilados, padres solteros, veteranos... básicamente para cualquier persona o grupo que desee aprender a obtener algunos rescates de Wall Street para Main Street.

< 6 >

# 1.6 AVISO LEGAL: TRADESTATION TECHNOLOGIES, INC.

TradeStation nos concedió autorización legal para usar información, casos de estudio, ilustraciones y otro material procedente de la empresa para la elaboración de este libro. Las técnicas y métodos descritos en las ilustraciones y casos de estudio demuestran las mejores prácticas. Sin embargo, ninguna recomendación u opinión sobre inversión y trading son compartidas por la empresa. Todos los derechos reservados.

# 1.7 RESUMEN DEL CAPÍTULO

En este capítulo, se motivó a los lectores para aprender sobre la estrategia blindada discutida e ilustrada en este libro. Para hacer esto posible, discutimos :

- ❖ La Dialéctica Hegeliana: Problema-Reacción-Solución
- ❖ La crisis financiera del 2007-2009
- ❖ Rescates financieros para Wall Street y Main Street
- ❖ Estrategia de trading blindada: "alquiler de acciones"
- ❖ Estrategia de calls cubiertas
- ❖ "Matemáticas" del desempleo
- ❖ Aviso Legal TradeStation
- ❖ Lista de verificación para calls cubiertas
- ❖ www.MainStBailout.com

< 7 >

# REFERENCIAS

Berger, Rob, "How to Prepare for the Coming Stock Market Crash," *Forbes Magazine, [¿Cómo Prepararse para la Caída Cercana del Mercado Bursátil?]*, http://www.forbes.com/sites/robertberger/2016/07/29/how-to-prepare-for-the-coming-stock-market-crash/#693f0c21327a, 2016.

Dayen, David, "Wall Street Pays Bankers to Work in Government and It Doesn't Want Anyone to Know," *New Republic, [Wall Street Paga a Banqueros para Trabajar en el Gobierno y No Quiere que Nadie lo Sepa]*, https://newrepublic.com/article/120967/wall-street-pays-bankers-work-government-and-wants-it-secret, 2015.

Elliott, Larry, "Global Financial Crisis: Five Key Stages 2007-2011", *The Guardian, [Crisis Financiera Global: Cinco Etapas Claves]*, https://www.theguardian.com/business/2011/aug/07/global-financial-crisis-key-stages, 2011.

Huddleston, Tom, Jr., "These 7 Movies Tell the Real Story Behind the Financial Crisis," *Fortune Magazine, [Estas Siete Películas Cuentan la Historia Real Detrás de la Crisis Financiera]*, http://fortune.com/2015/12/27/big-short-wall-street-movies/, 2015.

Jones, Susan, "94,184,000 Not In Labor Force; Labor Force Participation Rises; Unemployment Rate Ticks up to 5.0," *CNS News, [No en la Fuerza Laboral; Participación de la Fuerza Laboral Aumenta; Tasa de Desempleo sube a 5.0]*, http://cnsnews.com/news/article/susan-jones/94184000-not-labor-force-labor-force-participation-rises, 2016.

Mack, Iris, "Unemployment 'Math': Statistical Lies," *Huffington Post, [Matemáticas del Desempleo: Mentiras Estadísticas]*, http://www.huffingtonpost.com/iris-mack/unemployment-math-statist_b_819783.html, 2011.

Parrish, Brent, "Hegelian Dialectics for Dummies," *The Right Planet, [Dialéctica Hegeliana para Tontos]*, http://www.therightplanet.com/2014/01/hegelian-dialectics-for-dummies/, 2014.

Phillips, Matt, "Goldman Sachs' Blankfein on Banking: 'Doing God's Work,'" *The Wall Street Journal, [Goldman Sachs: Haciendo el Trabajo de Dios]*, http://blogs.wsj.com/marketbeat/2009/11/09/goldman-sachs-blankfein-on-banking-doing-gods-work/, 2009.

< 8 >

# CAPÍTULO 2

## RESCATES BANCARIOS DE MAIN STREET Y LA RESERVA FEDERAL

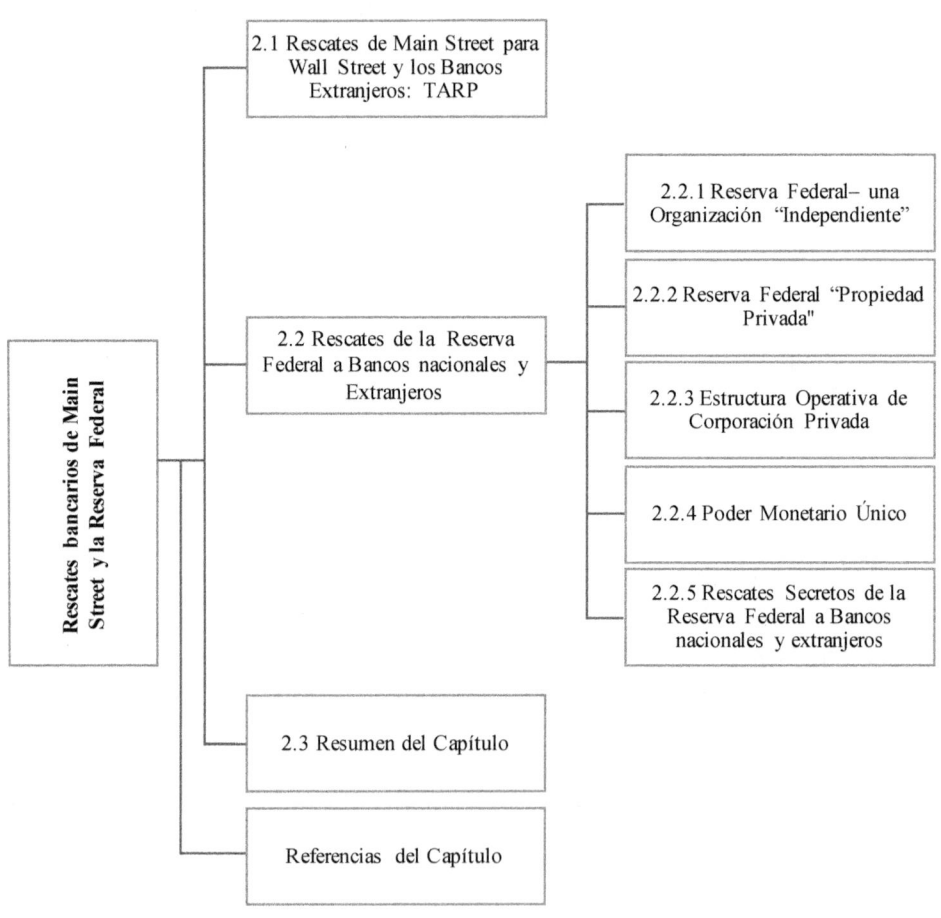

Rescates bancarios de Main Street y la Reserva Federal

2.1 Rescates de Main Street para Wall Street y los Bancos Extranjeros: TARP

2.2 Rescates de la Reserva Federal a Bancos nacionales y Extranjeros

2.2.1 Reserva Federal– una Organización "Independiente"

2.2.2 Reserva Federal "Propiedad Privada"

2.2.3 Estructura Operativa de Corporación Privada

2.2.4 Poder Monetario Único

2.2.5 Rescates Secretos de la Reserva Federal a Bancos nacionales y extranjeros

2.3 Resumen del Capítulo

Referencias del Capítulo

< 9 >

# CAPÍTULO 2

## RESCATES BANCARIOS DE MAIN STREET Y LA RESERVA FEDERAL

## 2.1: RESCATES DE MAIN STREET PARA WALL STREET Y LOS BANCOS EXTRANJEROS: TARP

*Desde la crisis de las hipotecas subprime del 2008, el gobierno estadounidense ha proporcionado dinero a cientos de bancos, algunas aseguradoras y fabricantes de automóviles como parte de los $700 mil millones del TARP (Troubles Asset Relief Program)*

Desde la crisis de las hipotecas *subprime* del 2008, hipotecas con alto nivel de riesgo de impago, el gobierno estadounidense ha proporcionado dinero a cientos de bancos, algunas aseguradoras y fabricantes de automóviles como parte de los $700 mil millones del TARP (*Troubles Asset Relief Program*), un programa del gobierno de Estados Unidos que tiene como fin comprar activos y acciones de instituciones financieras para fortalecer su sector financiero. Algunas empresas han pagado el dinero al gobierno, y muchas otras han anunciado que devolverán el dinero (Ericson, 2009).

En la Figura 2.1, se presenta un resumen de los beneficiarios del rescate del TARP.

**Figura 2.1: Desglose del rescate del TARP (Ericson, 2009)**

| COMMITTED $549.4 Billion | | | | | | | | | UNCOMMITTED $150.6 | |
|---|---|---|---|---|---|---|---|---|---|---|
| Financial firms, not returned $79.3 | Citigroup $50 | Bank of America $45 | A.I.G $69.8 | Automakers, GMAC $85.3 | Homeowners $50 | Small business $15 | Public-Private $100 | TALF $55 | Unused $80.5 | Returned $70.1 |

< 10 >

*El Programa de Rescate TARP se conoce oficialmente como la Ley de Estabilización Económica de Emergencia del 2008.*

*Hasta 2011, se pidió prestado $0.43 de cada dólar gastado por el gobierno de Estados Unidos, cuatro veces la tasa en 1980.*

**Derivados**

Este Programa de Rescate TARP se conoce oficialmente como la *Ley de Estabilización Económica de Emergencia del 2008.* (Emergency Economic Stabilization Act, 2015) Las consultas entre el Secretario de Tesorería Henry Paulson, el Presidente de la Reserva Federal Ben Bernanke, el Presidente de Securities and Exchange Commission de Estados Unidos Christopher Cox, líderes del Congreso y el Presidente Bush, promovieron esfuerzos para elaborar una propuesta que solucionara integralmente los problemas generados por los activos ilíquidos. Las noticias de este plan resultaron en la estabilidad de algunas acciones, bonos y mercados de divisas el 19 de septiembre de 2008.(Emergency Economic Stabilization Act, 2008).

Mucha gente pensó que el dinero para el rescate del TARP provino de los contribuyentes de Estados Unidos y del endeudamiento del gobierno. Hasta 2011, se pidió prestado $0.43 de cada dólar gastado por el gobierno de Estados Unidos, cuatro veces la tasa de 1980. Solamente entre 2007 y 2011, la tasa había aumentado a $0.38 por cada dólar. En otras palabras, el gobierno de Estados Unidos había prestado cada vez más al rescate de los grandes bancos, pero no hizo nada para mejorar la situación de la persona promedio (Rugy, 2011). Con este enorme costo, lo que el gobierno esperaba obtener del rescate era, básicamente, ayudar a los grandes bancos que tenían deuda de prestamistas hipotecarios. Entonces, lo que esto pretendía era ayudar a circular dinero en la economía, y ayudar a los inversionistas a recuperar la confianza en el sistema bancario.

La Tabla 2.1 muestra los activos y la exposición total a pasivos de *derivados* de los cinco principales bancos en Estados Unidos. Está claro que estos bancos "Demasiado grandes para fallar" tienen por lo menos 30 veces más deuda en sus estados financieros que activos (Snyder, 2015). ¿Hay otra crisis en camino?

**Tabla 2.1:** *Activos y Exposición a Pasivos de Derivados de Algunos Bancos "Demasiado grandes para Fallar"*

|  | Activos Totales | Exposición Total a Derivados |
|---|---|---|
| JP Morgan Chase | $2.6 Billones | $63 Billones |
| Citibank | $1.8 Billones | $59 Billones |
| Goldman Sachs | Menor a $1 Billón | $57 Billones |
| Bank of America | $ 2.1 Billones | $54 Billones |
| Morgan Stanley | Menor a $1 Billón | $38 Billones |

< 11 >

*La estimación más reciente de la deuda nacional de Estados Unidos es de $19 billones de dólares(U.S. National Debt Clock, 2016).*

Una pregunta muy obvia es la siguiente: ¿El gobierno de Estados Unidos tiene los recursos para continuar rescatando a las corporaciones, bancos y compañías de seguros emproblemadas? Muchos inversionistas, contribuyentes y economistas no lo creen. Estados Unidos se ha desbordado, con miles de millones de dólares en deuda. Por lo tanto, ya no tiene los recursos necesarios para financiar estos enormes rescates financieros en el futuro (Davis, 2008). La estimación más reciente de la deuda nacional de Estados Unidos es de $19 billones de dólares (U.S. National Debt Clock, 2016).

Por otra parte, el enorme costo de estos rescates no ofrece muchos beneficios ni para la economía, ni para los inversionistas, y definitivamente, ni para los contribuyentes de Estados Unidos (Boyd, 2012). Por desgracia, los bancos "Demasiado grandes para fallar" son cada vez más grandes desde los rescates del gobierno en 2008. Como resultado de estos rescates y la interminable recesión en curso, muchos bancos perdieron la confianza del público (Newman, 2011). Además, puesto que la economía nunca se ha reparado correctamente después del derrumbamiento económico anterior, muchos expertos piensan que se espera un colapso económico aún mayor en el futuro. Así que, ¿qué hará el gobierno la próxima vez? ¿Cómo serán los bancos rescatados? ¿También, quién rescatará al resto de nosotros? ¿Inversionistas? ¿Pequeñas empresas? ¿Los contribuyentes promedio en Main Street?

Las estadísticas más recientes de la concentración de activos bancarios se muestran en la Figura 2.2. Claramente, se observa una continua alta concentración, y parece que la tendencia no se acabará en el futuro próximo (FRED, 2015).

***Figura 2.2:*** **Concentración de Activos de 5 Bancos para Estados Unidos**

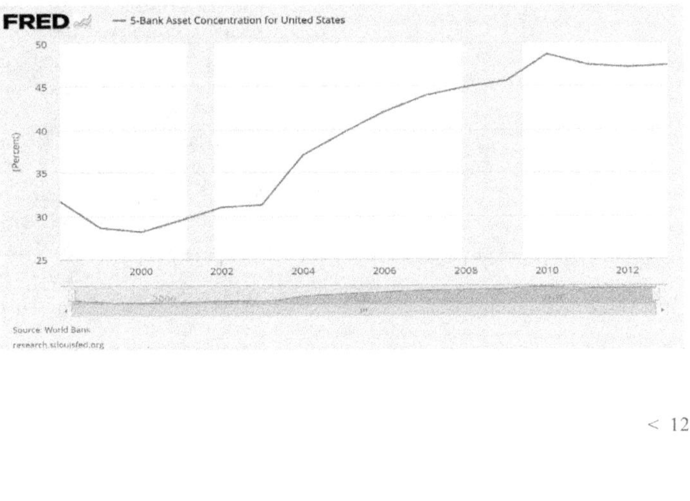

< 12 >

Los rescates en 2008 también han sido políticamente impopulares, con muchos críticos insistiendo en que los gobiernos no deben interceder en la dinámica de un mercado libre. Además, muchos creen que el papel de los gobiernos es hacerse cargo de los intereses de los inversionistas y los clientes bancarios (Nielsen, 2008).

Los rescates no ocurrieron solo en los Estados Unidos. Hubo también rescates bancarios en la Unión Europea (Katz, 2010). En Mayo de 2010, en un intento de someter a la creciente crisis fiscal en Grecia, la UE y el FMI extendieron un paquete de rescate de 110 mil millones de Euros ($120 mil millones de dólares) a cambio de que el gobierno griego acordara implementar paquetes de austeridad equivalentes a 14 por ciento del PIB de Grecia. En agosto de 2015, los ministros de Finanzas de Europa firman un programa de rescate para Grecia de hasta 86 mil millones de Euros ($95 mil millones de dólares), cimentando el camino para que la nación intentara pagar sus deudas y comenzara la reconstrucción de su economía (Christie, 2015). La crisis de la *deuda soberana* impidió que Europea tuviera una unión sostenible para un crecimiento estable (European Sovereign Debt Crisis, 2009). El reembolso de mil millones en rescates financieros superó las expectativas. Sin ningún progreso positivo resultante de los rescates, la economía griega se seguirá colapsando y los inversionistas sufrirán una y otra vez.

> *En Mayo de 2010, en un intento de someter a la creciente crisis fiscal en Grecia, la UE y el FMI extendieron un paquete de rescate de 110 mil millones de Euros ($120 mil millones de dólares)*

*Deuda Soberana*

**Deuda Soberana** se refiere a bonos emitidos por un gobierno nacional en moneda extranjera, con el fin de financiar el crecimiento del país emisor. (Sovereign debt definition, Investopedia)

¿Pueden beneficiarse inversionistas y/o personas promedio en Main Street de estos rescates de Wall Street? Desafortunadamente, parece que para muchos, la respuesta es NO. Desde 2008, millones de personas han perdido sus empleos, casas, planes de pensiones, ahorros y cualquier esperanza de un futuro más brillante para las generaciones más jóvenes. Miles de millones de personas e inversionistas están enfadados y tienen una sensación de desesperanza. Tales emociones son comprensibles, pero tal vez contraproducentes en el largo plazo. No es necesario enojarse. ¡Salga adelante! Usted puede aprender algunos trucos del oficio para generar parte de ese dinero de Wall Street para uno mismo. En los capítulos siguientes vamos a discutir cómo conseguir que los rescates de Wall Street beneficien a Main Street.

< 13 >

# 2.2: RESCATES DE LA RESERVA FEDERAL A BANCOS NACIONALES Y EXTRANJEROS

En el resto de este capítulo, discutiremos los rescates secretos que los bancos nacionales y extranjeros recibieron de la Reserva Federal. Sin embargo, antes de que podamos hacerlo, debemos invertir un poco de tiempo discutiendo lo que hace la Reserva Federal y cómo está estructurada.

## 2.2.1: RESERVA FEDERAL– UNA ORGANIZACIÓN "INDEPENDIENTE"

Se pudo haber sorprendido al leer el título de esta sección. Usted pudo haber pensado: *¿La Reserva Federal no debería ser parte del gobierno?* Apuesto a que más personas piensan exactamente lo mismo. Desafortunadamente, la respuesta a esta pregunta es ----- **NO! Aquí hay varios ejemplos de cómo algunos expertos ven la Reserva Federal.**

> *Por más de un siglo, la Reserva Federal ha operado en secreto, para el beneficio de las élites y el detrimento de la gente. (Paul, 2015)*

*Por más de un siglo, la Reserva Federal ha operado en secreto, para el beneficio de las élites y el detrimento de la gente.* (Paul, 2015)

*El Sistema de la Reserva Federal no es Federal; no tiene reservas; y no es un sistema, sino más bien, un sindicato criminal. Es totalmente privada, aunque trata de dar la apariencia de una institución gubernamental.* (Mullins, 1983)

*La Reserva Federal es un componente clave del Estado de Transferencia de Estados Unidos. Bajo el pretexto de "gestión macroeconómica", redistribuye grandes cantidades de riqueza en forma continua a través de la inflación. Las víctimas de estas transferencias son los ciudadanos ordinarios. Los beneficiarios son el gobierno y sus compinches élite.* (Sanchez, 2016)

< 14 >

La Reserva Federal es muy clara en su página web oficial sobre que funciona como una entidad **independiente**, no controlada por ramas ejecutivas o legislativas del gobierno de Estados Unidos. Establece también específicamente que: **NO es "propiedad"** de alguien **y NO es una institución privada, sin fines lucrativos.** ("Who owns the Federal Reserve?" *Board of Governors of the Federal Reserve System*, 2013).

En el resto de este capítulo, le quitaremos paso a paso el disfraz a la Reserva Federal. Analizaremos la estructura subyacente de la Reserva Federal en diferentes aspectos.

## 2.2.2: RESERVA FEDERAL "PROPIEDAD PRIVADA"

Una de las cosas más relevantes que complica la discusión de la "propiedad" de la Reserva Federal es que los bancos regionales de Reserva Federal emiten acciones a los "bancos miembros".

*Bancos Regionales de la Reserva Federal*

Definición de ***Bancos Regionales de la Reserva Federal***: Una parte sustancial del Sistema de la Reserva Federal consiste en los 12 bancos regionales ubicados en el país: incluyendo Atlanta, Boston, Chicago, Cleveland, Dallas, Kansas City, Minneapolis, Nueva York, Filadelfia, Richmond, San Francisco y St. Louis (Figura 2.3). Estos 12 bancos regionales de la Reserva Federal fueron establecidos por el Congreso para operar como ramas del banco central de la nación.(Federal Reserve Act, 1913)

**Figura 2.3:** **Doce Bancos Regionales de la Reserva Federal (Federal Reserve Bank, 2016)**

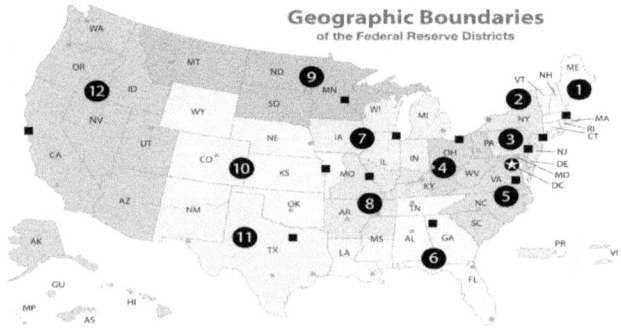

< 15 >

*Bancos*
*Miembros*

Definición de *Bancos Miembros*: la Reserva Federal requiere que todos los bancos legalmente constituidos a nivel nacional, se unan al sistema de Reserva Federal mediante la compra del capital social de la Reserva Federal de ese distrito. Pero a los bancos legalmente constituidos del estado, la Reserva Federal les da la opción de unirse al sistema, lo que significa que todos los bancos del estado pueden decidir convertirse en uno de los "bancos miembros". La cantidad de acciones que un banco miembro requiere comprar es proporcional al tamaño del banco. (Federal Reserve Act, 1913)

En otras palabras, la manera de unirse al Sistema Federal y convertirse en un banco miembro es ser un accionista o propietario del banco regional de la Reserva Federal regional. ¡Cuanto más grande sea el banco, mayor será el número de acciones que posea!

**Ejemplo de un *Banco Miembro*:** Supongamos que un nuevo banco nacional abre en Nueva Orleáns, Luisiana. Para este ejemplo, lo llamaremos *BankNOLA*. La ubicación de la oficina de Nueva Orleans del Banco de la Reserva Federal de Atlanta se encuentra en 525 St. Charles Avenue, en Nueva Orleans. Es una de las cinco sucursales del Banco de Reserva Federal de Atlanta. Por lo tanto, para operar como banco comercial en Nueva Orleans, *BankNOLA* debe unirse al Sistema del Banco de la Reserva Federal de Atlanta mediante la compra de una cierta cantidad de las acciones de la Reserva Federal de Atlanta, siendo uno de los "dueños". Por otra parte, la cantidad de acciones que se requiere comprar depende del tamaño de *BankNOLA*. Por lo tanto, *BankNOLA* se convertirá en uno de los accionistas del Banco de la Reserva Federal de Atlanta.

< 16 >

Eustace Mullins explica en su libro "Los Secretos de la Reserva Federal", que la Reserva Federal es completamente propiedad privada bajo la apariencia de una institución gubernamental. (Mullins, 1983) Además, informa que los ocho principales accionistas de la Reserva Federal de Nueva York en aquel momento eran:

1. Citibank
2. Chase Manhattan Bank
3. Morgan Guaranty Trust
4. Chemical Bank
5. Manufacturers Hanover Trust
6. Bankers Trust Company
7. National Bank of North America
8. Bank of New York

Según Mullins, estas instituciones en 1983 tenían propiedad combinada del 63% de las acciones de la Reserva Federal de Nueva York. Sin embargo, la mayoría de los bancos mencionados, de hecho, son propiedad de aproximadamente una docena de organizaciones de Banca Europea, mayormente Británicas, y el más prominente entre ellos es Rothschild Banking Dynasty. Puesto que los bancos miembros de la Reserva Federal de Nueva York eligen a su Consejo de Administración, The London Connection, un club de la banca Europea, es capaz de elegir directores de la Reserva Federal a través de los bancos americanos de su propiedad y, en última instancia, controlar todo el Sistema de la Reserva Federal. (Mullins, 1983)

Si tiene dudas sobre la teoría de Mullins, echemos un vistazo a lo que la Reserva Federal menciona. La Reserva Federa de Nueva York informa que sus ocho bancos miembros más grandes, es decir, sus accionistas más grandes, al 30 de junio de 1997 eran:

1. Chase Manhattan Bank
2. Citibank
3. Morgan Guaranty Trust Company
4. Fleet Bank
5. Bankers Trust
6. The Bank of New York
7. Marine Midland Bank
8. Summit Bank

< 17 >

Luego de 14 años, estas dos listas no son exactamente iguales. Sin embargo, cinco de los ocho bancos de la lista de 1983 estaban en la lista de 1997, demostrando la validez del argumento de Mullins.

En conclusión, el Banco Regional de la Reserva Federal es propiedad privada de sus bancos miembros, y es controlado indirectamente por diversas instituciones financieras Europeas por medio de la posesión de los bancos miembros.

## 2.2.3: ESTRUCTURA OPERATIVA DE CORPORACIÓN PRIVADA

*La Reserva Federal es considerada un banco central independiente porque sus decisiones no requieren autorización del Presidente ni de nadie en las ramas ejecutivas o legislativas del gobierno de Estados Unidos.*

La Reserva Federal es considerada un banco central independiente porque sus decisiones no requieren autorización del Presidente de los Estados Unidos ni de nadie en las ramas ejecutivas o legislativas del gobierno. La reserva federal fue creada para ser autónoma y aislada de las presiones políticas. Por ejemplo, los miembros del Consejo Directivo son designados para servir por un periodo de 14 años, durando más tiempo que muchos periodos Presidenciales y del Congreso. (Board of Governors of the Federal Reserve System, 2015)

Además, según la *Ley de la Reserva Federal* Sección 7, el capital social del banco de la Reserva Federal paga un dividendo fijo de 6% y da a los accionistas un derecho a las ganancias anuales. (Federal Reserve Act, 1913) Un 6% al año no puede ser considerado una gran ganancia en el mundo de Wall Street. Sin embargo, la mayoría de las empresas que logra cubrir todos sus gastos y dar a sus accionistas un retorno garantizado del 6% son consideradas como corporaciones "con fines de lucro". Parece que el lema de la Reserva Federal "sin fines de lucro" no es válido.

*Breve caso de estudio:* En 2014, la distribución total de los ingresos netos de la Reserva Federal fue de $99.6 mil millones de dólares, $1.7 mil millones de los cuales fueron pagados por dividendos en acciones de capital y $97.9 mil millones de los cuales fueron remitidos a la Tesorería de Estados Unidos. (The Federal Reserve Annual Report of 2014) Comparado con $99.6 mil millones, $1.7 mil millones no parece un número muy grande. ¡Pero piense en ello! ¡$1,700,000,000 es el dividendo que pagó esta "corporación"! Pero la Reserva Federal pretende ser "una organización sin fines de lucro".

< 18 >

Otra cosa que hace confusa la "posesión" de los bancos de Reserva Federal es su estructura operativa. Los 12 bancos regionales de la Reserva Federal operan más como corporaciones privadas, cada uno con su propia Consejo Directivo de nueve miembros (Figura 2.4). Seis de estos directores son elegidos por los bancos miembros del respectivo distrito de la Reserva Federal y los otros tres directores son nombrados por el Consejo Directivo. La mayoría de los bancos de Reserva Federal tiene al menos una rama, y cada rama tiene su propia Junta Directiva. La mayoría de los directores en una rama son asignados por el Banco de Reserva Federal, y los restantes directores son nombrados por el Consejo Directivo. Esta estructura del Sistema es exactamente igual que al de una corporación privada. (Board of Governors of the Federal Reserve System, 2013)

***Figura 2.4:*** **Consejo de Administración y Estructura Corporativa de la Reserva Federal**

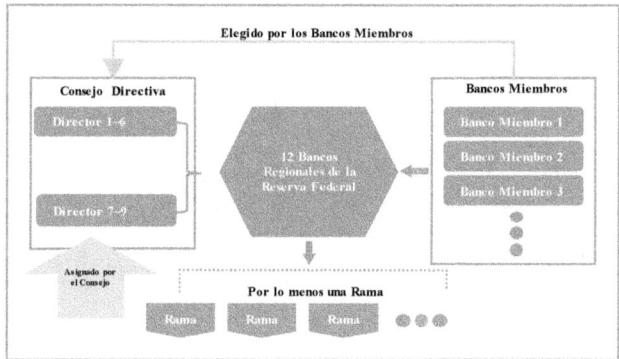

## 2.2.4: PODER MONETARIO ÚNICO

< 19 >

*La Reserva Federal tiene el derecho de imprimir y emitir dinero, un privilegio tradicional de reyes. Está configurada para proporcionar financiamiento durante las guerras. Funciona como un monopolio de dinero, teniendo el poder total sobre el dinero y crédito de las personas.* (Mullins, 1983)

*La Reserva Federal tiene el derecho de imprimir y emitir dinero, un privilegio tradicional de reyes. Está configurada para proporcionar financiamiento durante las guerras. Funciona como un monopolio de dinero, teniendo el poder total sobre el dinero y crédito de las personas. (Mullins, 1983)*

La *Oficina de Grabado e Impresión* de los Estados Unidos, en inglés *Bureau of Engraving and Printing* (BEP), una división de la Tesorería de Estados Unidos, es responsable de imprimir la moneda y entregar el dinero a la Reserva Federal. Cada año, la BEP imprime miles de millones para entregar a la Reserva Federal. Posteriormente la Reserva Federal tiene que decidir cuánto dinero circular en la economía — no es necesaria la aprobación del Presidente de los Estados Unidos o del Congreso (Hamrick, 2013). Además, la Reserva Federal se ha vuelto tecnológicamente mucho más creativa en la sociedad moderna. Actualmente el dinero ya no tiene que ser presentado físicamente en transacciones diarias. La mayoría de las empresas y los consumidores hacen uso de cheques, tarjetas de débito, tarjetas de crédito y transferencias para sus transacciones. Por lo tanto, la creación de dinero no tiene que ser física. En otras palabras, la Reserva Federal simplemente puede crear dinero nuevo tecleando números en ciertas cuentas.(Money Creation, 2016)

Las herramientas de la política monetaria que la Reserva Federal utiliza con mayor frecuencia son las *Operaciones de Mercado Abierto.*

**Operaciones de Mercado Abierto**

Definición de *Operaciones de Mercado Abierto* (OMA): Consisten en que el banco central realice la compra y venta de activos financieros tales como letras del tesoro, bonos gubernamentales, o moneda extranjera de entidades privadas, como los bancos comerciales. La compra de estos resulta en ingreso de dinero a circulación en el mercado, mientras que la venta estos retira dinero circulante. Las operaciones de mercado abierto generalmente utilizan una tasa específica de interés a corto plazo.(Money Creation, 2016)

La cantidad y frecuencia de compras y ventas de bonos del tesoro que la Reserva Federal realiza depende de sí misma. Ningún otro departamento, institución o persona puede controlar este proceso.

< 20 >

Ahora analicemos un caso de estudio sobre cómo la Reserva Federal circula dinero en la economía de Estados Unidos.

**Shell Game del Gobierno** (Figure 2.5): Supongamos que el gobierno de los Estados Unidos necesita una cierta cantidad de dinero, digamos $200 millones, para cubrir sus gasto corriente (sueldos de burócrata, compras de armas militares, etc.). Puesto que el público tiene una tolerancia limitada a los impuestos, el gobierno de Estados Unidos, al que nos referiremos como "tío Sam", tiene que recurrir al poder de impresión de dinero de la Reserva Federal.

Primero, Tío Sam pide a la Tesorería emitir bonos a los bancos de inversión, como Goldman Sachs, para juntar el dinero que necesita. La emisión de bonos es esencialmente equivalente a escribir en un papel: "Pagaré $200 millones." Entonces, Goldman presta dinero al gobierno por medio de la compra de bonos. Goldman transfiere $200 millones a los libros de contabilidad del tío Sam y, a cambio, tío Sam da a Goldman un pedazo de papel de $200 millones por los bonos del tesoro, Esto representa que la tesorería debe a Goldman $200 millones más los intereses. Cuando el tío Sam reciba estos $200 millones, los utilizará para pagar facturas por medio de cheques o transferencia de dinero a otras cuentas. El dinero va de Goldman al tío Sam; es decir al público a quien el tío Sam debe dinero. Esta es básicamente la manera en la que el dinero está circulando en la economía.

En este momento la Reserva Federal entra a un *Shell Game* (Juego de Estafa o Fraude). Ahora la Reserva Federal se entera que Goldman Sachs esta vendiendo $200 millones en bonos del tesoro y tiene la intención de comprarlos, por lo que la Reserva Federal paga $205 millones a Goldman por estos, más un adicional de ganancia. Pero la Reserva Federal utiliza su propia forma de pago, la cual consiste en simplemente escribir "Efectivo de $205 millones de débito" directamente en los libros contables de Goldman. Goldman tiene ahora $205 millones en su cuenta de la Reserva Federal, el principal de $200 millones y ganancias de $5 millones. En ese momento, $205 millones entran al mercado debido a que Goldman utilizará el dinero en las operaciones normales de su negocio.

< 21 >

Posteriormente, cada vez que Goldman retira dinero de su cuenta de la Reserva Federal, esta entrega dinero recién impreso a Goldman. De esta manera, el nuevo dinero impreso por la Oficina de Grabado e Impresión comienza a circular en la economía. Por el momento, Goldman ha terminado con este juego, pero la Tesorería termina debiendo el dinero a la Reserva Federal, los principales e intereses de los bonos (Sanchez, 2016)

Pero lo complicado es recordar que la Reserva Federal aporta todos sus beneficios a la Tesorería al final del plazo. En otras palabras, los principales e intereses que la Tesorería paga a la Reserva Federal serán entregados nuevamente a la Tesorería como ganancias de la Reserva Federal. ¡Es como pasar su dinero del bolsillo izquierdo a el bolsillo derecho y luego devolverlo!

Analicemos con mayor detalle este *Shell Game* en la Tabla 2.2 y Figura 2.5:

## Tabla 2.2: *Shell Game del Gobierno*

| Participante | Antes | Después |
|---|---|---|
| Gobierno de Estados Unidos | Necesita $200M para cubrir gastos | Recibe $200M para cubrir gastos |
| Tesorería | Emite $200M en bonos | Debe $200M a la Reserva Federal (La Reserva Federal regresa sus ganancias a la Tesorería) |
| Goldman Sachs | Presta $200M | Recibe $205M |
| Reserva Federal | | Compra bonos de Goldman Sachs. Tesorería debe a la Reserva Federal $200M más el interés. |
| Mercado | | $205M en dinero nuevo se introducen en la economía de EE. UU |

< 22 >

En conclusión, el gobierno no paga nada. ¡La Tesorería no paga nada, y la Reserva Federal no paga nada! Pero $205 millones han estado circulando en el Mercado y Goldman Sachs obtiene $5 millones como ganancia. ¡Así es como se crea la **inflación**! La cantidad de los bienes en el Mercado es la misma, pero la cantidad de dinero en circulación usado para comprar los bienes ha incrementado. Por lo tanto, se necesitará una mayor cantidad de dinero para comprar los mismos bienes. Sin embargo, al corto plazo, los salarios pagados a los trabajadores no aumentarán lo correspondiente. ¡Esta es la manera en la que se devalúa el dinero, mientras que el Tío Sam y Goldman Sachs se enriquecen! Los contribuyentes de Estados Unidos son la victima de este *Shell Game*.

**Figura 2.5: Shell Game del Gobierno**

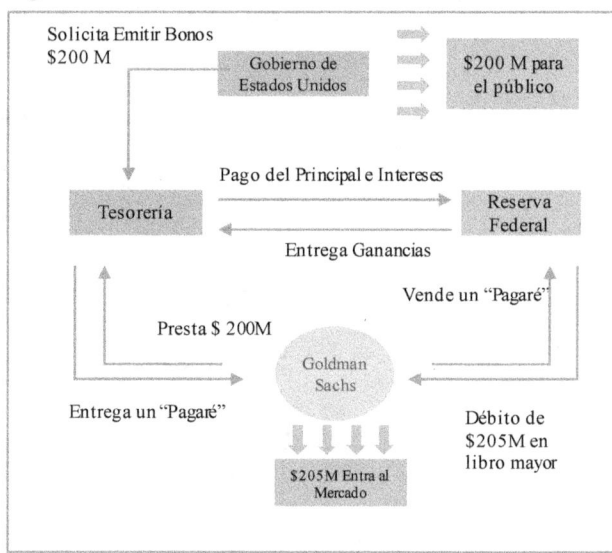

Después de todas las cosas que hemos discutido hasta ahora, ¿Aún cree que la idea de que la Reserva Federal es una organización independiente es demasiado exagerada?

< 23 >

## 2.2.5: RESCATES SECRETOS DE LA RESERVA FEDERAL A BANCOS NACIONALES Y EXTRANJEROS

Ahora que hemos discutido lo que hace la Reserva Federal y cómo está estructurada, echaremos un vistazo a sus rescates secretos a bancos nacionales y extranjeros.

Lo que presentamos en los siguientes párrafos y tabla puede sorprender absolutamente a muchos de nuestros lectores. Después de la crisis de hipotecas *subprime* en 2008, la Reserva Federal secretamente llevó a cabo el rescate del banco más grande en la historia del mundo. Para empeorar las cosas, la Reserva Federal luchó ante los tribunales por varios años para mantener en secreto estos rescates financieros de los contribuyentes. Muchos contribuyentes recuerdan el rescate de TARP de miles de millones de dólares, discutido al principio de este capítulo. La gente en Main Street sigue estando muy enojada porque el gobierno de los Estados Unidos gastó cientos de miles de millones de dólares para el rescate de los bancos "Demasiado grandes para fallar" en Wall Street. La realidad es que el rescate de TARP fue una fracción de los "rescates" que la Reserva Federal dio a los bancos nacionales y extranjeros.

Como se detalla en la Tabla 2.3, la Reserva Federal dio más de $16 billones de dólares en dinero casi sin intereses a bancos nacionales y extranjeros entre 2007 y 2010. Este rescate fue revelado durante una auditoría limitada de GAO de la Reserva Federal, por mandato de la ley Dodd-Frank Wall Street Reform y la ley de Protección al Consumidor. (Greenstein, 2011) Solo para poner este número en cierta perspectiva, tenga en cuenta que el PIB de los Estados Unidos durante todo el año de 2010 fue solo $14.58 billones de dólares. Además, la deuda nacional estadounidense está sobre $19 billones de dólares y continua creciendo. (Snyder, 2011; Snyder, 2016; Webster, 2011)

< 24 >

**Tabla 2.3:** *Rescates de la Reserva Federal a los Bancos Nacionales y Extranjeros (Webster, 2011)*

Dollar in billions

| Borrowing Parent Company | TAF | PDCF | TSLF | CPFF | Subtotal | AMLF | TALF | Total loans |
|---|---|---|---|---|---|---|---|---|
| Citigroup Inc. | $110 | $2,020 | $348 | $33 | $2,511 | $1 | - | $ 2,513 |
| Morgan Stanley | - | 1,913 | 115 | 4 | 2,032 | - | 9 | 2,041 |
| Merrill Lynch & Co. | 0 | 1,775 | 166 | 8 | 1,949 | - | - | 1,949 |
| Bank of America Corporation | 280 | 947 | 101 | 15 | 1,342 | 2 | - | 1,344 |
| Barclays PLC (United Kingdom) | 232 | 410 | 187 | 39 | 868 | - | - | 868 |
| Bear Stearns Companies, Inc. | - | 851 | 2 | - | 853 | - | - | 853 |
| Goldman Sachs Group Inc. | - | 589 | 225 | 0 | 814 | - | - | 814 |
| Royal Bank of Scotland Group PLC (United Kingdom) | 212 | - | 291 | 39 | 541 | - | - | 541 |
| Deutsche Bank AG (Germany) | 77 | 1 | 277 | - | 354 | - | - | 354 |
| UBS AG (Switzerland) | 56 | 35 | 122 | 75 | 287 | - | - | 287 |
| JP Morgan Chase & Co. | 99 | 112 | 68 | - | 279 | 111 | - | 391 |
| Credit Suisse Group AG (Switzerland) | 0 | 2 | 261 | - | 262 | 0 | - | 262 |
| Lehman Brothers Holdings Inc. | - | 83 | 99 | - | 183 | - | - | 183 |
| Bank of Scotland PLC (United Kingdom) | 181 | - | - | - | 181 | - | - | 181 |
| BNP Paribas SA (France) | 64 | 66 | 41 | 3 | 175 | - | - | 175 |
| Wells Fargo & Co. | 159 | - | - | - | 159 | - | - | 159 |
| Dexia SA (Belgium) | 105 | - | - | 53 | 159 | - | - | 159 |
| Wachovia Corporation | 142 | - | - | - | 142 | - | - | 142 |
| Dresdner Bank AG (Germany) | 123 | 0 | 1 | 10 | 135 | - | - | 135 |
| Societe Generale SA (France) | 124 | - | - | - | 124 | - | - | 124 |
| All other borrowers | 1,854 | 146 | 14 | 460 | 2,475 | 103 | 62 | 2,639 |
| **Total** | **$3,818** | **$8,951** | **$2,319** | **$738** | **$15,826** | **$217** | **$71** | **$16,115** |

Source: GAO analysis of Federal Reserve System data

# 2.3 RESUMEN DEL CAPÍTULO

En este capítulo, discutimos algunos de los recientes rescates a los bancos con cargo a los contribuyentes de Estados Unidos:

❖ Los miles de millones de dólares en rescates a los bancos nacionales realizados a través del programa TARP se discutieron en la primer sección de este capítulo.
❖ Los billones de dólares de la Reserva Federal para los rescates secretos a los bancos nacionales y extranjeros se discutieron en la segunda sección de este capítulo.

Para realizar esta tarea, ilustramos cómo la Reserva Federal es un banco de "propiedad privada". Lamentablemente, las últimas víctimas de estos rescates somos **"NOSOTROS"**, los contribuyentes promedio. Así que por favor continúe leyendo el resto de este libro para aprender a usar la estrategia blindada "Opciones de Calls Cubiertas" y de esta manera protegerse del gasto imprudente del gobierno de Estados Unidos y de la Reserva Federal. Le mostraremos, paso a paso, cómo generar la mayor ganancia con el menor riesgo para que usted obtenga un rescate de Wall Street.

< 25 >

# REFERENCIAS

Board of Governors of the Federal Reserve System, "Membership of the Board of Governors of the Federal Reserve System, 1914-Present," *[Membresía de la Junta de Directores del Sistema de la Reserva Federal, 1914-Actual]*, http://www.federalreserve.gov/aboutthefed/bios/board/boardmembership.htm, 2014.

Board of Governors of the Federal Reserve System, "What does it mean that the Federal Reserve is "independent within the government"?", *[¿Que significa que la Reserva Federal "es independiente dentro del gobierno"?"]*, http://www.federalreserve.gov/faqs/about_12799.htm, 2015.

Board of Governors of the Federal Reserve System, "Who owns the Federal Reserve?," *[¿Quién es el Dueño de la Reserva Federal?]*, http://www.federalreserve.gov/faqs/about_14986.htm, 2013.

Boyd, J. H., & Heitz, A., "The social costs and benefits of too-big-to-fail banks: A "Bounding" Exercise," *[Los costos y beneficios de los bancos demasiados grandes para fallar]*, http://casee.asu.edu/upload/TBTF_AER_Final_New_Title.pdf, 2012.

Christie, R., "Euro area agrees on 86 billion-euro bailout deal for Greece," *Bloomberg, [La unión Europea acuerda rescate de Grecia]*, http://www.bloomberg.com/news/articles/2015-08-19/euro-area-agrees-on-bailout-deal-for-greece-eu-commission-says, 2012.

Davis, M., "Top 6 U.S. government financial bailouts", *[Top 6 rescates financieros del gobierno de EE.UU]*, http://www.investopedia.com/articles/economics/08/government-financial-bailout.asp, 2008.

de Rugy, V., "How much of federal spending is borrowed for every dollar?", *[¿Cuanto del gasto público es prestado por cada dólar?]*, http://mercatus.org/publication/how-much-federal-spending-borrowed-every-dollar, 2011.

*Emergency Economic Stabilization Act of 2008*, https://en.wikipedia.org/wiki/Emergency_Economic_Stabilization_Act_of_2008, 2015.

*Emergency Economic Stabilization Act of 2008*, Pub. L. No. 110–343 § 122 STAT. 3765, https://www.gpo.gov/fdsys/pkg/PLAW-110publ343/pdf/PLAW-110publ343.pdf, 2008.

Ericson, M., He, E., & Schoenfeld, A., "Tracking the $700 billion bailout," *The New York Times, [Rastreando el rescate de $700 mil millones]*, http://www.nytimes.com/packages/html/national/200904_CREDITCRISIS/recipients.html, 2009.

"European Sovereign Debt Crisis," *Investopedia*, http://www.investopedia.com/terms/e/european-sovereign-debt-crisis.asp, n.d.

*Federal Reserve Act*, 1913, "Federal Reserve Bank," *Wikipedia*, https://en.wikipedia.org/wiki/Federal_Reserve_Bank, 2016.

< 26 >

Flaherty, Edward, "Who owns and controls the Federal Reserve," *[¿Quién controla la Reserva Federal]*, http://www.usagold.com/federalreserve.html, 2001.

FRED, "5-bank asset concentration for United States,"*[Revelación del Dueño de la Reserva Federal]* https://research.stlouisfed.org/fred2/series/DDOI06USA156NWDB, 2015.

Greenstein, Tracey, "The Fed's $16 Trillion Bailouts Under-Reported," *Forbes,* http://www.forbes.com/sites/traceygreenstein/2011/09/20/the-feds-16-trillion-bailouts-under-reported/#1241bd4e6877, 2011.

Hamrick, Mark, "5 myths debunked about the Federal Reserve," *[5 mitos desacreditados de la Reserva Federal]*, http://www.bankrate.com/finance/federal-reserve/myths-federal-reserve-1.aspx, 2013.

Katz, A., & Martinuzzi, E., "Greek deals hidden from EU probed as bonds show doubt," *Bloomberg, [Grecia excluido de la union Europea mientras que el Bono se muestra dudoso],* http://www.bloomberg.com/news/2010-09-07/greek-debt-deals-hidden-from-eu-probed-as-400-yield-gap-shows-bond-doubts.html, 2010.

Lebor, A., "The Eurozone's death by a thousand bailouts," *Newsweek, [La muerte de la unión Europea por mil rescates],* http://www.newsweek.com/2015/08/14/death-thousand-bailouts-359147.html, 2015.

"Money creation," *Wikipedia,* https://en.wikipedia.org/wiki/Money_creation, 2016.

Mullins, Eustace, *The Secrets of the Federal Reserve*, 1983.

Newman, R., "Why you should worry about a "TARP Moment." http://www.usnews.com/news/blogs/rick-newman/2011/07/12/why-you-should-worry-about-a-tarp-moment, 2011.

Nielsen, B., "Economic meltdowns: Let them burn or stamp them out?," *Economic Meltdowns: Let Them Burn or Stamp Them Out?*, 2008.

Paul, Ron, *Don't be Fooled by the Federal Reserve's Anti-Audit Propaganda,* http://www.ronpaulinstitute.org/archives/featured-articles/2015/march/08/don-t-be-fooled-by-the-federal-reserve-s-anti-audit-propaganda/, 2015.

Political Research Associates, "Myth #5. The Federal Reserve is owned and controlled by foreigners,"*[Mito #5, la Reserva Federal es propieda de extranjeros],* http://www.publiceye.org/conspire/flaherty/flaherty5.html, n.d.

Quintieri, David, *The Money GPS: Guiding You Through An Uncertain Economy*, 2012.

Roche, Cullen, "Here's Who Actually Owns The Federal Reserve," *[Revelación del Dueño de la Reserva Federal],* http://www.businessinsider.com/who-actually-owns-the-federal-reserve-2013-10, 2013.

< 27 >

Sanchez, Dan, "Understanding the Federal Reserve's Shell Game," *[Entendiendo el "Shell Game" de la Reserva Federal]*, https://mises.org/library/understanding-federal-reserve%E2%80%99s-shell-game, 2016.

Snyder, M., "Have You Heard About The 16 Trillion Dollar Bailout The Federal Reserve Handed To The Too Big To Fail Banks?," *[¿Conoce el rescate de $16 billones de dólares que concedió la Reserva Federal a los bancos demasiado grandes para fallar?]*, http://theeconomiccollapseblog.com/archives/have-you-heard-about-the-16-trillion-dollar-bailout-the-federal-reserve-handed-to-the-too-big-to-fail-banks, 2011.

Snyder, M., "The six too big to fail banks in the U.S. have 278 trillion dollars of exposure to derivatives," *[Los 6 bancos demasiados grandes para fallar de EE.UU tienen $278 billones de dólares en exposición a derivados]*, http://theeconomiccollapseblog.com/archives/the-six-too-big-to-fail-banks-in-the-u-s-have-278-trillion-dollars-of-exposure-to-derivatives, 2015.

Snyder, M., "Trump is Right – Here Are 100 Reasons Why We Need To Audit The Fed,"*[Trump tiene razón – 100 razones por las cuales debemos auditor a la Reserva Federal]*, http://www.thetradingreport.com/2016/02/24/trump-is-right-here-are-100-reasons-we-need-to-audit-the-fed/, 2016.

"Sovereign Debt," *Investopedia*, http://www.investopedia.com/terms/s/sovereign-debt.asp, n.d.

*The Federal Reserve Annual Report of 2014*, 2014.

*U.S. National Debt Clock: Real Time.*, http://www.usdebtclock.org, 2016.

Webster, S.C., "GAO Fed Investigation," http://www.scribd.com/doc/60553686/GAO-Fed-Investigation#outer_page_144, 2011.

< 28 >

# CAPÍTULO 3

## RESCATE DE MAIN STREET

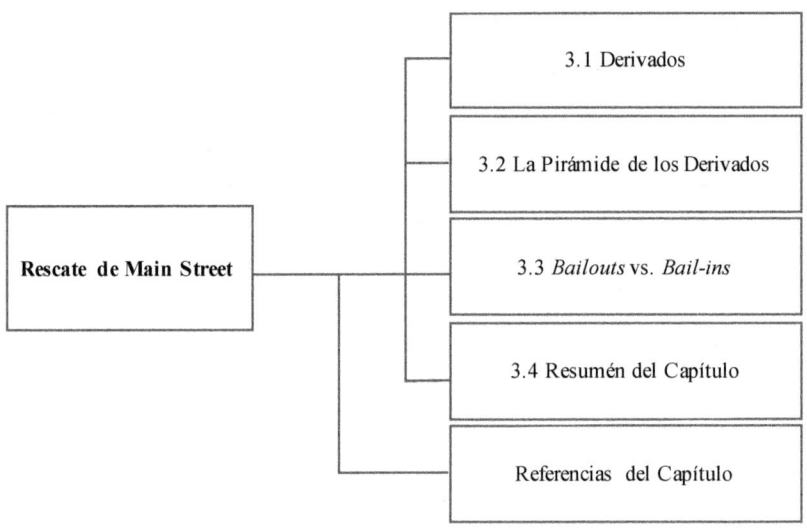

Rescate de Main Street

3.1 Derivados

3.2 La Pirámide de los Derivados

3.3 *Bailouts* vs. *Bail-ins*

3.4 Resumén del Capítulo

Referencias del Capítulo

< 29 >

# CAPÍTULO 3

## RESCATE DE MAIN STREET

Uno de los temas favoritos en mis clases de trading de energía es la estrategia de **Opciones de Calls Cubiertas**. Bueno, tal vez es solo una de mis favoritas, y a mis pobres estudiantes les tiene que gustar si quieren aprobar mi clase. ¡Es broma! De todas formas, le pedí a mis alumnos explicar los riesgos y beneficios de la estrategia de calls cubiertas para un adolescente. Se les ocurrieron muchas maneras ingeniosas y divertidas de hacerlo. Por ejemplo, aquí es cómo mi alumno MBA Arjun Sreekumar la explica:

> **Arjun**: La estrategia de opciones de calls cubiertas es una gran manera de ganar dinero. Básicamente, la estrategia consiste en
>
> ❖ Comprar acciones – también conocido como *"estar largo"* en estas acciones.
>
> ❖ Simultáneamente vender una opción call – también conocido como *"estar corto"* en una opción call.
>
> Solo tenga en cuenta que una opción call da el derecho pero no la obligación de comprar una acción en el futuro por un determinado precio de "ejercicio".
>
> **Adolescente**: ¿Cuales son los beneficios y riesgos de la estrategia?
>
> **Arjun**: El beneficio principal es la generación de ingresos adicionales. Piense en ello de esta manera: la bolsa te paga dinero por conservar una acción que ya tienes en tu portafolio. La estrategia funcionará bien si el precio de la acción se eleva ligeramente o permanece igual, mientras que se pueden tener grandes pérdidas si este cae significativamente. La ganancia máxima también puede ser muy alta. La ganancia máxima será básicamente la prima recibida de la opción, más la diferencia entre el precio de "ejercicio" y el precio de las acciones en la fecha de vencimiento.

< 30 >

**Adolescente:** ¿Puedo utilizar mi cuenta de retiro Roth para implementar la estrategia?

**Arjun:** Sí, claro que puedes. Y la gran ventaja de hacerlo en tu cuenta de retiro sobre usar una cuenta de bróker tradicional, es que al llegar a la edad de jubilación, puedes retirar los ingresos generados por la estrategia libres de impuestos. ¡Lo que significa que el gobierno no tocar ni un centavo!

**Adolescente:** ¡Muchas gracias Arjun! Me parece una gran oportunidad.

**Arjun:** ¡De nada!

Este diálogo entre el adolescente y Arjun resume lo que queremos discutir de aquí en adelante en este libro — la generación de ingresos usando la estrategia de calls cubiertas. Usted puede pensar en esta estrategia como una forma de generar los rescates de Wall Street para Main Street. Sin embargo, antes de que podamos definir formalmente podemos definir e ilustrar los rescates de Main Street, debemos establecer las bases presentando algunas definiciones y hablando un poco sobre la jerga técnica del mercado de opciones.

# 3.1 DERIVADOS

Las acciones son bastante conocidas por la mayoría de las personas. Constituyen inversiones bastante sencillas. Sin embargo, una opción es totalmente diferente. Es una clase de derivado financiero, basado en (o derivado) otro activo financiero subyacente. Como (Mack, 2014) explica, el término *derivados* ha sido discutido bastante en los últimos años (p. 34). ¿Que son los derivados?

*Derivados*

Definición: Un **derivado** es un producto financiero cuyo precio depende o se deriva de los precios de otros activos, a los que se les denomina *activos subyacentes*.

< 31 >

En términos generales: los derivados financieros son apuestas efectuadas a los activos que los inversionistas quizá no tengan, pero que les permiten obtener ingresos sobre estos activos.

En los Capítulos 3 y 4 de (Mack, 2014), se encuentran definiciones, ilustraciones y discusiones de diferentes tipos de derivados. En capítulos subsecuentes, se mencionan los principales usos de los derivados, los cuales son para gestionar riesgos (cubrirse) y especular (apostar). Para mayor información sobre derivados, buscar en (Mack, 2014) y (Wilmott, 1998).

# 3.2 LA PIRÁMIDE DE LOS DERIVADOS

Recuerde que en el Capítulo 2, hablamos sobre los billones de dólares en rescates bancarios por parte de la Tesorería de Estados Unidos y la Reserva Federal. Por mas grandes que estos rescates sean, no se comparan con el valor de los contratos de derivados pendientes de ejercicio. Michael Snyder, un blogger muy conocido, se pregunta: *¿Cuándo va a desplomarse el sistema bancario de Estados Unidos?* Él entonces procede a responder a su pregunta: *Puedo resumirlo en tres palabras. Revisen los derivados* (Snyder, 2014a).

El economista John Exter estaba muy preocupado por los grandes niveles de la deuda global. El es conocido por crear la ***Pirámide de Exter*** para la visualización de la organización de las clases de activos en términos de riesgo y tamaño. En la figura 3.1, se muestra la pirámide de Exter actualizada y adaptada para ilustrar una estimación "conservadora" del valor de los contratos de derivados pendientes de ejercicio. Esta burbuja de derivados global se estima entre $1,500 y $1,600 BILLONES de dólares. Puede ver de la figura 3.1 que no la llaman un esquema piramidal por nada. (Durden, 2009), (Durden, 2015a), (Lendman, 2015), (Mayer, 2008), (Snoopman, 2015), (Statista, 2016a), (Statista, 2016b), (U.S. National Debt Clock, 2016) y (Xie, 2015)

< 32 >

*Figura 3.1:* La Pirámide de Exter: La Burbuja de Derivados de $1,500 BILLONES de Dólares

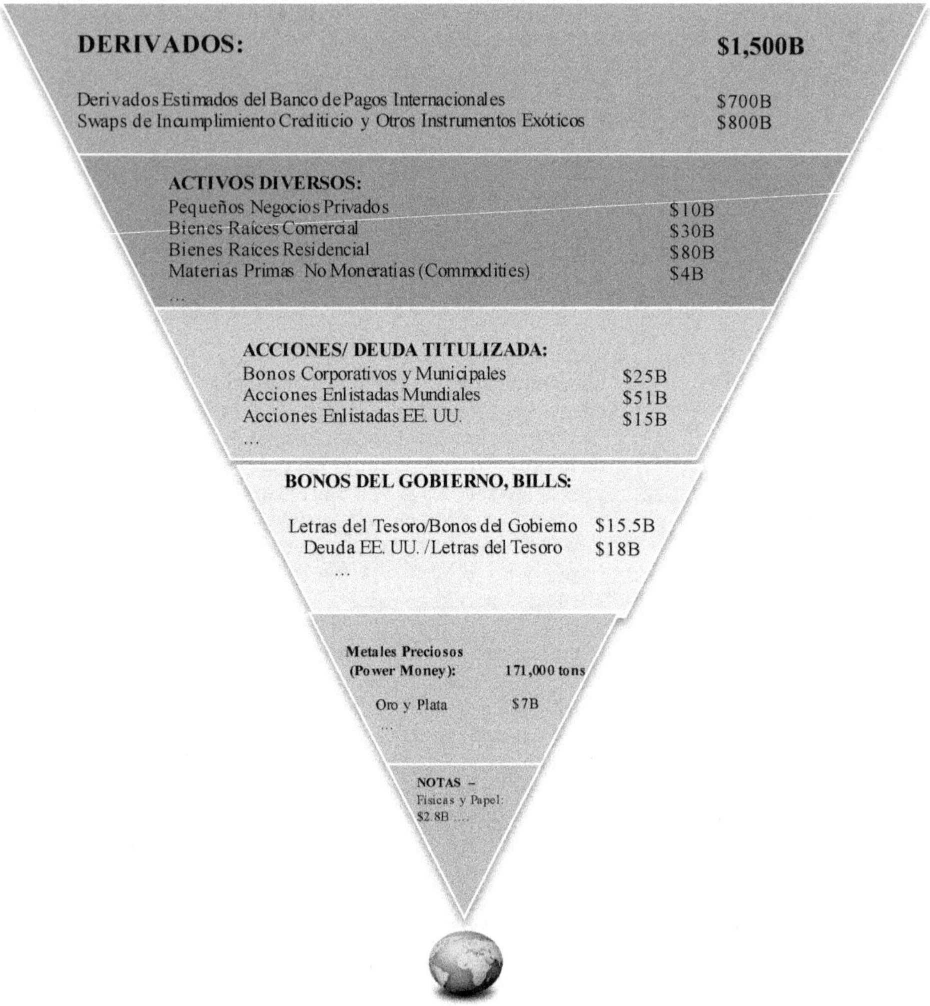

**DERIVADOS:**         **$1,500B**

Derivados Estimados del Banco de Pagos Internacionales    $700B
Swaps de Incumplimiento Crediticio y Otros Instrumentos Exóticos    $800B

**ACTIVOS DIVERSOS:**
Pequeños Negocios Privados      $10B
Bienes Raíces Comercial      $30B
Bienes Raíces Residencial      $80B
Materias Primas No Monerarias (Commodities)      $4B
...

**ACCIONES/ DEUDA TITULIZADA:**
Bonos Corporativos y Municipales    $25B
Acciones Enlistadas Mundiales    $51B
Acciones Enlistadas EE. UU.    $15B
...

**BONOS DEL GOBIERNO, BILLS:**

Letras del Tesoro/Bonos del Gobierno   $15.5B
Deuda EE. UU. /Letras del Tesoro   $18B
...

**Metales Preciosos**
**(Power Money):**      171,000 tons

Oro y Plata    $7B
...

**NOTAS –**
Físicas y Papel:
$2.8B ....

**PIB MUNDIAL 2016:    Aproximadamente $74 BILLONES**

< 33 >

Aún más preocupante es el hecho que los Top 5 bancos de Estados Unidos tienen billones de dólares en exposición a derivados en sus balances generales, como se detalla en la Tabla 3.1. (Snyder 2014b), (Snyder, 2015) y (Durden 2015b)

**Tabla 3.1: *Exposición de Derivados Top 5 Bancos Estados Unidos***

|  | Activos Totales | Exposición Total a Derivados |
|---|---|---|
| JP Morgan Chase | $2.6 Billones | $63 Billones |
| Citibank | $1.8 Billones | $59 Billones |
| Goldman Sachs | Menor a $1 Billón | $57 Billones |
| Bank of America | $2.1 Billones | $54 Billones |
| Morgan Stanley | Menor a $1 Billón | $38 Billones |

# 3.3 BAIL-OUTS VS. BAIL-INS

Se desmorona la pirámide de derivados. Nuestros bancos no pueden sostener este tipo de deuda y, francamente, no son seguros. A juzgar por los datos de la exposición a derivados en la tabla 3.1, no se puede concluir que nuestro sistema bancario está en quiebra. Parece que los contribuyentes estadounidenses están proporcionando apoyo de último recurso para activos riesgosos en estos insolventes bancos asegurados por la Corporación Federal de Seguro de Depósitos, FDIC por sus siglas en inglés (FDIC.gov).

Una vez que la pirámide de derivados se derrumbe, estos bancos necesitarán algún tipo de rescate. Y como es de esperarse, Main Street hará estos rescates — OTRA VEZ. Para disfrazar cualquier "rescate" futuro, nuevas regulaciones existen para asegurarse que Main Street rescate a estos bancos de Wall Street. (Carter, 2014), (Christenson, 2016), (Durden, 2015b) and (Kuepper, 2016)

❖ *Bail-outs (Rescates externos)* se producen cuando los inversionistas externos (p. ej., los contribuyentes de Estados Unidos) rescatan un prestatario mediante la inyección de dinero para ayudar a satisfacer los pagos de la deuda. Se mencionaron varios rescates externos con gran detalle en el Capítulo 2.

❖ *Bail-ins (Rescates internos)* Se producen cuando los acreedores del prestatario están obligados a absorber parte de la carga al tener una parte de su deuda recortada. Los rescates internos son una manera de recapitalizar a los bancos insolventes desde adentro.

< 34 >

**Ejemplo de un Bail-in de Banco**: En el 16 de Marzo del 2013, Cyprus anunció los términos para el bail-in de su banco:

- 6.75% de decomiso a las cuentas bancarias menores a €100,000 (100,000 Euros)
- 9.9% de decomiso a las cuentas bancarias mayor a €100,000
- Se anuncia un día festivo del banco.

Esta estrategia de bail-in se implementó para eliminar algunos de los riesgos para los contribuyentes, y de esta manera obligar a los clientes del Banco a compartir el dolor y el sufrimiento (Kuepper, 2016) y (Durden, c 2015).

Los rescates internos y externos están diseñados para mantener a flote a los bancos de Wall Street — a expensas de los contribuyentes. No muchos de los contribuyentes se dan cuenta que los bancos poseen legalmente sus dinero tan pronto lo dejan en el Banco. Su dinero se convierte en el del Banco, y esencialmente ellos se convierten en acreedores con pagarés. En el caso de un bail-in, sus pagarés se convertirán en capital del Banco." Con suerte, serán capaz de vender sus acciones del banco a otra persona en el futuro por un precio "decente" (Bernstein, 2013).

# 3.4 RESUMEN DEL CAPÍTULO

En este capítulo, introdujimos

- ❖ Los beneficios y riesgos de la estrategia de calls cubiertas —una clase especifica de derivado.
- ❖ El concepto de derivados financieros
- ❖ La gran importancia de la burbuja de derivados de $1,500 BILLONES.
- ❖ Los bail-ins de Wall Street

**Armado con esta información sobre los mercados de derivados, ahora enfoquémonos en una categoría específica de derivados, la estrategia de calls cubiertas — para discutir cómo Main Street puede recibir un poco del rescate de los bancos de Wall Street.**

< 35 >

# REFERENCIAS

Bernstein, Leandra, "Dodd-Frank Kills: How the U.S. Joined The International Bail-In Regime." *Larouche Pac, [Dodd-Frank Mata: ¿Como los EE.UU se Unió al Régimen Internacional de Rescates Internos]* https://larouchepac.com/052613/bail-dodd-frank-kills, 2014.

Carter, Zach, "Wall Street Demands Derivatives Deregulation In Government Shutdown Bill." *Huffington Post, [Wall Street Demanda derivados Desregulación de Derivados],* http://www.huffingtonpost.com/2014/12/04/wall-street-government-shutdown_n_6272776.html, 2015.

Christenson, Gary, "The FDIC Can No Longer Ensure the Return of Your Deposits!" *Investment Watch, [La FDIC No Puede Seguir Asegurando El Retorno en tus Depósitos],* http://investmentwatchblog.com/the-fdic-can-no-longer-ensure-the-return-of-your-deposits/, 2016.

Durden, Tyler, "The Fed's Nemesis: Exter's $2 Quadrillion Of 'Liquidity'." *Zero Hedge, [Némesis de la Reserva Federal: Liquidez de Exter]* http://www.zerohedge.com/article/feds-nemesis-exters-2-quadrillion-liquidity, 2009.

Durden, Tyler, "Gold, The Fed, Exter's Pyramid – When John Exter Met Paul Volcker." *Zero Hedge,* http://www.zerohedge.com/news/2015-08-13/gold-fed-exter's-pyramid---when-john-exter-met-paul-volcker, 2015a.

Durden, Tyler, "Just When You Thought Wall Street's Heist Couldn't Get Any Crazier..." *Zero Hedge,* http://www.zerohedge.com/news/2015-10-25/just-when-you-thought-wall-streets-heist-couldnt-get-any-crazier, 2015b.

Durden, Tyler, "We've All Been Warned (the Cyprus "Bail-In" Model is coming to a Country Near You)." *Zero Hedge, [Hemos Sido Advertidos (el Modelo de Rescate Interno de Chipre esta llegando a un País Cercano)],* http://www.zerohedge.com/news/2015-10-28/weve-all-been-warned-cyprus-bail-model-coming-country-near-you, 2015c.

FDIC.gov, *Federal Deposit Insurance Corporation,* https://www.fdic.gov.

Kuepper, Justin, "What Is A Bail-In and How Does It Work?" *International Invest, [¿Que es un Rescate Interno, y Como Funciona?],* http://internationalinvest.about.com/od/glossary/a/What-Is-A-Bail-in-and-How-Does-It-Work.htm, 2016.

Lendman, Stephen, *Global Derivatives: $1.5 Quadrillion Time Bomb,* http://www.globalresearch.ca/global-derivatives-1-5-quadrillion-time-bomb/5464666, 2015.

Mack, Iris Marie, *Energy Trading and Risk Management: A Practical Approach to Hedging, Trading and Portfolio Diversification,* Wiley Finance, Singapore, 2014.

< 56 >

Mayer, Trace, J.D., *The Great Credit Contraction*, http://www.howtovanish.com/products-2/sales/42886/TGCC.pdf, 2008.

Snoopman News, *The Great Financial Wrecking Ball: How Western banks plan to confiscate savers' deposits*, http://snoopman.net.nz/2015/10/26/the-great-financial-wrecking-ball-how-western-banks-plan-to-confiscate-savers-deposits/, 2015.

Snyder, Michael, "The U.S. National Debt Has Grown By More Than A Trillion Dollars In The Last 12 Months." *The Economic Collapse, [La deuda Nacional de EE.UU a Crecido Mas de un Billón de Dólares en lo Últimos 12 Meses]*, http://theeconomiccollapseblog.com/archives/the-u-s-national-debt-has-grown-by-more-than-a-trillion-dollars-in-the-last-12-months, 2014a.

Snyder, Michael, "The six too big to fail banks in the U.S. have 278 trillion dollars of exposure to derivatives." *[Exposición a derivados de los 6 Bancos en EE. UU demasiado grandes para fallar]* http://theeconomiccollapseblog.com/archives/the-six-too-big-to-fail-banks-in-the-u-s-have-278-trillion-dollars-of-exposure-to-derivatives, 2015.

Snyder, Michael, "5 U.S. Banks Each Have $40,000,000,000,000 In Exposure To Derivatives." *The Trading Report, [5 Bancos de EE. UU tienen, Cada Uno, $40,000,000,000,000 en Exposición a Derivados]*, http://www.thetradingreport.com/2014/09/25/5-u-s-banks-each-have-40000000000000-in-exposure-to-derivatives/, 2014b.

Statista: The Statistics Portal, "Global GDP (gross domestic product) at current prices from 2010 to 2020 (in billion U.S. dollars)." *[PIB Mundial (producto interno bruto) en precios actuales de 2010 a 2020]*, https://www.statista.com/statistics/268750/global-gross-domestic-product-gdp/, 2016a.

Statista: The Statistics Portal, "Public debt of the United States from 1990 to 2016* (in billion U.S. dollars)." *[La Deuda Pública de los Estados Unidos de 1990 a 2016]*, https://www.statista.com/statistics/187867/public-debt-of-the-united-states-since-1990/, 2016b.

*U.S. National Debt Clock: Real Time. [Reloj de Deuda Nacional EE. UU: Tiempo Real]*, http://www.usdebtclock.org, 2016.

Wilmott, Paul, Derivatives: *The Theory and Practice of Financial Engineering, Wiley Frontiers in Finance Series, [Teoría y Práctica de Ingeniería Financiera, Wiley Finanzas]*, Singapore, 1998.

Xie, Ye and Andrea Wong, "Once Over $12 Trillion, the World's Currency Reserves Are Now Shrinking." *[En su Momento mayor a $12 Billones, la Reservas Mundiales han estado disminyendo"] Bloomberg*, http://www.bloomberg.com/news/articles/2015-04-05/once-over-12-trillion-the-world-s-reserves-are-now-shrinking, 2015.

< 37 >

# CAPÍTULO 4

## OPCIONES SOBRE ACCIONES

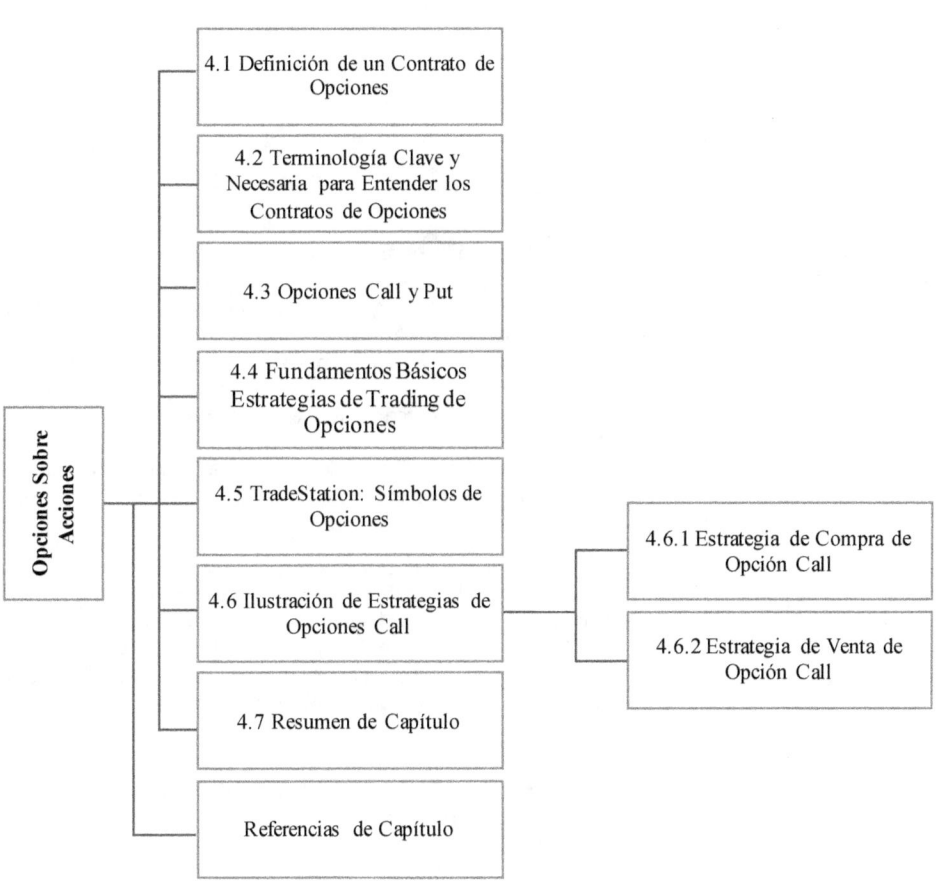

< 38 >

# CAPÍTULO 4

## OPCIONES SOBRE ACCIONES

En el Capítulo 3, introdujimos y discutimos sobre los contratos de derivados. Existen diferentes tipos de derivados: opciones, swaps, futuros, etc. En este libro nos enfocaremos en los ***contratos de opciones.***

## 4.1 DEFINICION DE UN CONTRATO DE OPCIONES

*Contrato de Opciones*

**Definición**: Un *contrato de opciones* es un contrato de derivados financieros vendido por una de las partes (*vendedor de la opción*) a otra persona (*comprador de la opción*). El contrato de opciones ofrece al titular de la opción el derecho, pero no la obligación, de comprar o vender un activo subyacente a un precio acordado durante un periodo determinado o en una fecha específica.

**Nota**: Según el tipo de contrato de opciones, el periodo puede ser días, semanas, meses, o inclusive algunos años.

En general, las opciones pueden hacerse con diferentes tipos de activos subyacentes, como acciones, commodities (materias primas), divisas, incluso bienes raíces. En el resto de nuestro libro, nos centraremos sólo en las ***opciones sobre acciones***, contratos cuyo activo subyacente son acciones (OCC, 1994; OCI, 2016). Con las opciones sobre acciones, es posible para los inversionistas:

- ❖ Generar ganancias si el precio de la acción sube, baja o permanece igual
- ❖ Reducir las pérdidas
- ❖ Proteger ganancias
- ❖ Controlar un gran número de acciones con un desembolso de efectivo relativamente pequeño

< 39 >

Sin embargo, tenga en cuenta que las opciones sobre acciones son relativamente complejas y pueden ser más arriesgadas que algunos otros activos financieros. Dependiendo del tipo de contrato de opciones sobre acciones (compra o venta), un inversionista puede perder toda su inversión. ¿Por qué? Porque algunas opciones teóricamente pueden exponer a un inversionista a pérdidas ilimitadas. Para evitar tales pérdidas catastróficas y para gestionar su riesgos de trading, sistemáticamente definiremos y mostraremos diversos términos técnicos, comerciales, estrategias, casos de estudio, ejemplos e ilustraciones para ayudarle a tomar riesgos calculados al hacer trading de opciones sobre acciones. Se presentará material adicional de los riesgos y beneficios de las opciones sobre acciones en el Capítulo 7.

# 4.2 TERMINOLOGÍA CLAVE Y NECESARIA PARA ENTENDER LOS CONTRATOS DE OPCIONES

Es necesario entender terminología nueva para negociar opciones sobre acciones. En esta sección, presentaremos algunos conceptos clave para saber las bases. Estos conceptos serán ilustrados con TradeStation usando símbolos de trading, datos de mercado real y gráficos de trading en las Secciones 4.5 y 4.6.(Investopedia.com)

*Ejercicio*

*Ejercicio (exercise en inglés)*: Cuando el titular de opciones invoca el derecho incorporado en el contrato, esto se conoce como "ejercer" el contrato de opciones.

*Precio de Ejercicio (Strike Price)*

*Precio de Ejercicio (Strike price en inglés)*: El precio de ejercicio es el precio pre acordado por acción en que puede ser comprada o vendida por el titular al ejercer el contrato de opciones. El precio de ejercicio también se conoce como el precio de "strike".

*Fecha de Vencimiento*

*Fecha de Vencimiento (expiration date en inglés):* Se refiere al último día que un contrato de opciones es válido. Las opciones pueden clasificarse en dos grupos con respecto a la fecha de vencimiento - opciones europeas y opciones americanas :

< 40 >

*Opciones
Europeas*

*Opciones
Americanas*

❖ *Opciones Europeas* solo se pueden ejercer en la fecha de vencimiento.
❖ *Opciones Americanas* se pueden ejercer en cualquier momento durante la vida del contrato de opciones. La mayor parte de las opciones en el mercado son americanas.

*Prima*

### Prima (Premium en inglés)

❖ Precio **pagado** por el comprador del contrato de opciones. La prima se paga al vendedor del contrato de opciones. El precio se cotiza por acción. La prima no es reembolsable.
❖ Ingreso **recibido** por el vendedor de opciones sobre el contrato de opciones vendido.

*Largo*

*Corto*

### Largo vs. Corto

❖ "Largo" implica posesión de un activo financiero. Por ejemplo, si usted compra una acción, entonces está largo de esa acción en su portafolio de inversión.
❖ "Corto" implica que ha vendido un activo financiero sin realmente poseerlo. Sé que esto parece extraño y puede tomar un tiempo entenderlo, pero sí, en los mercados financieros ¡se puede realmente vender algo sin poseerlo! Sin embargo, si hace este movimiento tan arriesgado, puede verse obligado a entregar o deber algo en una fecha posterior, dependiendo del activo financiero implicado y/o los términos del contrato financiero.

*Posiciones
Abiertas*

### Posiciones Abiertas y Cerradas

❖ Una *posición abierta* es un trade que ha sido establecido y que aún no ha sido cerrado con un trade opuesto. Por ejemplo, puede existir una posición abierta después de una posición de compra (larga) o una posición de venta (corta). En cada caso, la posición se mantendrá abierta hasta que se haga un trade opuesto.

*Posiciones
Cerradas*

❖ Una *posición cerrada* es el resultado de la ejecución de una transacción contraria a una posición abierta, anulando y eliminando la exposición inicial. Cerrar una posición larga de activo subyacente consiste en venderla. Por otro lado, cerrar una posición corta implica comprarla de nuevo.

< 41 >

*Alcista*

*Bajista*

*Alcista vs. Bajista (Bullish y Bearish en inglés respectivamente)*
* ❖ Los inversionistas que creen que el precio de un activo financiero aumentará con el tiempo se dice que son *alcistas.*
* ❖ Los inversionistas que creen que disminuirá el precio de un activo financiero se dice que son *bajistas.*

## 4.3 OPCIONES CALL Y PUT

*Para cada contrato de opciones call que compra un inversionista, tiene el derecho (pero no la obligación) a comprar 100 acciones a un precio específico dentro de un tiempo determinado.*

*Para cada contrato de opciones put que compra un inversionista, tiene el derecho (pero no la obligación) a vender 100 acciones a un precio específico dentro de un tiempo determinado.*

Existen dos diferentes tipos de opciones: *opciones CALL y opciones PUT.* Mostramos la definición de cada una en la Tabla 4.1.

**Tabla 4.1:** *Definición de Calls y Puts*

| Opciones de compra ("CALLS") | Opciones de Venta ("PUTS") |
|---|---|
| Para cada contrato de opciones call que compra un inversionista, tiene el derecho (pero no la obligación) a comprar 100 acciones a un precio específico dentro de un tiempo determinado | Para cada contrato de opciones put que compra de un inversionista, tiene el derecho (pero no la obligación) a vender 100 acciones a un precio específico dentro de un tiempo determinado. |
| En esencia, el inversionista tiene el derecho a "solicitar" acciones de alguien. | En esencia, el inversionista tiene derecho a "colocar" acciones a alguien. |

En ambos casos del Call y Put, el comprador (tenedor de opciones) tiene derecho a decidir si desea o no ejercer el contrato de opciones. Además, el vendedor (escritor de opciones) tiene la obligación de cumplir con ese derecho. Por supuesto, el comprador del contrato de opciones lo ejercerá si le beneficia. Como se ilustra en los ejemplos en la Sección 4.6, tales beneficios son determinados por las condiciones del mercado, el precio de la activo subyacente y las condiciones del contrato de opciones.

< 42 >

# 4.4 FUNDAMENTOS BÁSICOS ESTRATEGIAS DE TRADING DE OPCIONES

Comprender las estrategias básicas de opciones y saber qué estrategias utilizar en diferentes condiciones y perspectivas de mercado es importante para el trading exitoso de opciones a largo plazo. **Los cuatro pilares básicos de todas las estrategias de opciones son:**

1. *Compra de Calls*
2. *Compra de Puts*
3. *Venta de Calls*
4. *Venta de Puts*

Cada estrategia de opciones se compone de una o más de estas cuatro posiciones de opciones. Estas cuatro posiciones se pueden combinar de muchas maneras para poder tomar ventaja en cualquier situación del mercado, por ejemplo:

- ❖ Mercados crecientes
- ❖ Caída de mercados
- ❖ Mercados Tranquilos
- ❖ Aumento de volatilidad
- ❖ Caída de volatilidad
- ❖ Otras situaciones de mercado...

Además, estas posiciones de opciones también ofrecen maneras de gestionar y limitar el riesgo. Nos centraremos en dos de estas en este libro: compra y venta de opciones call. En la Tabla 4.2, se detalla la diferencia entre la compra y venta de opciones call.

< 43 >

## Tabla 4.2: *Estrategias de Compra y Venta de Opciones Call*

| Estrategias de Opciones | Compra de Call | Venta de Call |
|---|---|---|
| Definición | El comprador tiene un derecho, pero no la obligación, de comprar un número determinado de acciones de la acción subyacente a un precio fijo en o antes de una fecha específica. | El vendedor tiene la obligación de vender un número determinado de acciones del activo subyacente a un precio fijo en o antes de una fecha específica.<br><br>Hay dos tipos de estrategias de venta de opciones:<br><br>*Call Cubierta (Covered Call en inglés)*: Se produce cuando el vendedor de opciones ya es propietario de los activos subyacentes, y quiere hacer algo de dinero extra con esta propiedad.<br><br>*Call No Cubierta (Naked Call en inglés)*: Se produce cuando el vendedor de opciones no es propietario de los activos subyacentes. Es una estrategia muy riesgosa y no es conveniente para los traders novatos, porque el vendedor está obligado a conseguir el número especificado de acciones del subyacentes en el contrato de opciones. |
| Derecho contra Obligación | El comprador de una opción tiene el derecho a tomar acción. | El vendedor de una opción tiene la obligación de cumplir. |
| Alcista contra Bajista | El comprador es alcista en al activo subyacente. Por lo tanto, el comprador se beneficia de un aumento en el precio. | El vendedor es bajista en el activo subyacente. Por lo tanto, el vendedor se beneficia de una caída en el precio. |
| Ganancia Potencial | Ilimitada | Limitado a la prima recibida por el contrato de opciones |
| Prima Opciones | Pagada | Recibida |
| Riesgos | Limitado a la prima pagada por el contrato de opciones. | Ilimitados en el caso de la venta de una call no cubierta. |

< 44 >

La *Compra de Calls* es una de las estrategias con que la mayoría de los traders comienza. Compra de Calls puede utilizarse como alternativa a la compra directa de los activos subyacentes, con los beneficios de riesgo limitado y mayor apalancamiento. Por otro lado, la *Venta de Calls* es una estrategia que más traders utilizan en combinación con otras opciones, para crear estrategias de *Calls Cubiertas*. En la sección 4.6, se ilustrarán estrategias de *Compra de Calls* y *Venta de Calls No Cubiertas*. Además explicaremos más fondo sobre la estrategia de *Calls Cubiertas* en los capítulos siguientes de este libro.

# 4.5 TRADESTATION: SÍMBOLOS DE OPCIONES

Apreciamos mucho que *TradeStation, Inc.* nos haya permitido usar su plataforma para ilustrar estrategias de trading en nuestro libro. En la Figuras 4.1 y 4.2, presentamos la notación de **símbolos de opciones de TradeStation**. (www.TradeStation.com)

**Figura 4.1:** Símbolos de Opciones de TradeStation

Los Símbolos de Opciones de TradeStation consisten de:
- Un símbolo de la raíz subyacente
- Seguido de 2 dígitos para el año de vencimiento
- Seguido de 2 dígitos para el mes de vencimiento
- Seguido de 2 dígitos para el día de vencimiento
- Seguido de una letra (C o P) indicando el tipo de opción (Call o Put)
- Seguido del precio de ejercicio (strike price)

**Figura 4.2:** Formato Símbolos de Opciones de TradeStation

Formato de Símbolos de Opciones de TradeStation

| Atributos de Símbolos Compuestos | Símbolo Compuesto |
|---|---|
| XYZ Corp., 7/20/2016 expiration $30 Call | XYZ 160720C30 |
| XYZ Corp., 7/20/2016 expiration $29 Put | XYZ 160720P29 |
| Atributos de Símbolos Regionales | Símbolo Regional |
| XYZ Corp., 7/20/2016 expiration $30 Call, CBOE | XYZ 160720C30-CO |
| XYZ Corp., 7/20/2016 expiration $29 Put, AMEX | XYZ 160720P29-AM |

< 45 >

Ahora usando la simbología de opciones de TradeStation, echemos un vistazo a un ejemplo específico de símbolo de una opción call cuyo activo subyacente es la acción de Alibaba Group Holding Limited (NYSE:BABA). (Figura 4.3)

**Figura 4.3:** Ejemplo específico de símbolo de una opción call cuyo activo subyacente es la acción de Alibaba Group Holding Limited (NYSE:BABA).

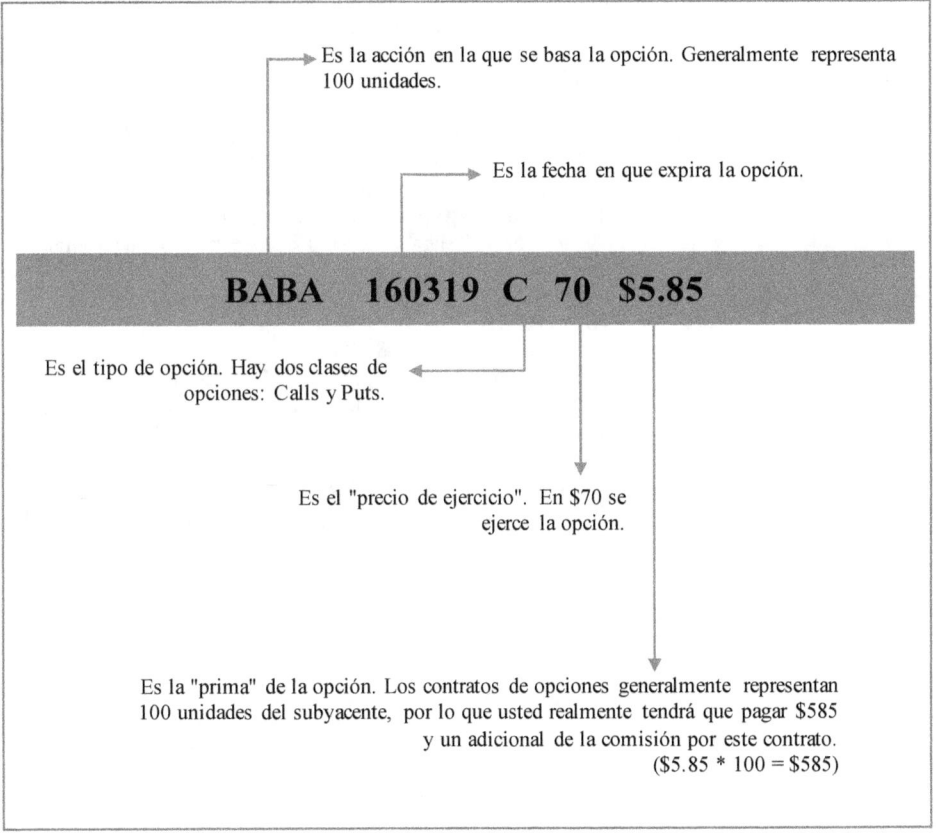

< 46 >

# 4.6 ILUSTRACIÓN DE ESTRATEGIAS DE OPCIONES CALL

## 4.6.1 ESTRATEGIA DE OPCIÓN *COMPRA DE CALLS*

Supongamos que un inversionista piensa que aumentará el precio de las acciones Alibaba. En otras palabras, es "alcista (bullish)" en BABA. Actualmente, el precio de la acción de Alibaba es $69.83. El análisis fundamental del inversionista de Alibaba lo lleva a creer que su valor es mayor que su precio actual. Por lo tanto, decide comprar 500 acciones de Alibaba para su portafolio de inversión.

El inversionista decide comprar 5 contratos de opciones call con fecha de vencimiento al 19 de marzo (Tabla 4.3). Estas opciones le otorgan el derecho (pero no la obligación) a comprar 500 acciones de Alibaba en $70 por acción cualquier día, hasta e incluyendo el 19 de marzo. Tenga en cuenta que se trata de un contrato de opciones americanas como se define en la Sección 4.2. Está representado por el símbolo de opciones de TradeStation **BABA 160319C70.**

El inversionista pagó una prima de $ 5.85/acción por este derecho - como se muestra en la Tabla 4.3. En otras palabras, apuesta que el precio de las acciones subirá, y pagó 500 × $5.85 = $2,925 más comisiones por esta apuesta. Note que si el inversionista hubiera comprado 500 acciones de Alibaba en lugar de comprar 5 contratos de opciones call, entonces su pago inicial habría sido $34,915 más comisiones.

< 47 >

**Tabla 4.3:** *Estrategia de Opción Compra de Calls – (activo subyacente es la acción de Alibaba)* **(TradeStation.com)**

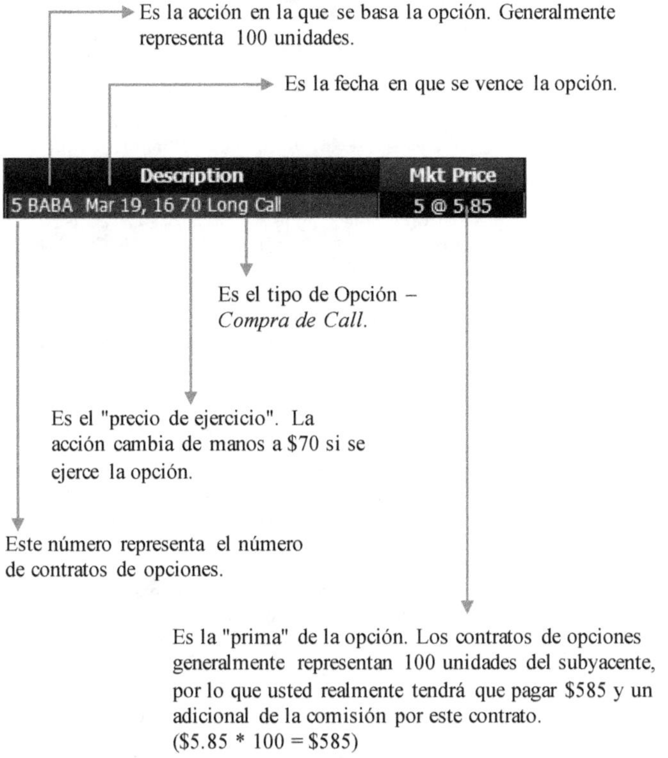

Es la acción en la que se basa la opción. Generalmente representa 100 unidades.

Es la fecha en que se vence la opción.

| Description | Mkt Price |
|---|---|
| 5 BABA  Mar 19, 16 70 Long Call | 5 @ 5.85 |

Es el tipo de Opción – *Compra de Call.*

Es el "precio de ejercicio". La acción cambia de manos a $70 si se ejerce la opción.

Este número representa el número de contratos de opciones.

Es la "prima" de la opción. Los contratos de opciones generalmente representan 100 unidades del subyacente, por lo que usted realmente tendrá que pagar $585 y un adicional de la comisión por este contrato. ($5.85 * 100 = $585)

Ahora vamos a analizar los siguientes tres escenarios en la Tabla 4.4 para ganar un poco de intuición sobre esta estrategia de compra de calls donde el subyacente es la acción de BABA.

< 48 >

**Tabla 4.4:** *Escenarios de precios de las acciones BABA con respecto a la estrategia de opción compra de calls*

| Escenario #1 | Escenario #2 | Escenario #3 |
|---|---|---|
| **BABA cae debajo de $70 por acción** | **BABA está entre $70 y $75.85 por acción** | **BABA es mayor que $75.85 por acción** |
| En este caso, el contrato de opciones puede verse como una póliza de "seguro". Como dijimos anteriormente, si el inversionista hubiera comprado 500 acciones de BABA en lugar de los 5 contratos de opciones, habría pagado $34,915 más comisión contra $2,925 más comisión. Si hubiese una gran caída en el precio de la acción de BABA, entonces el inversionista podría perder una cantidad sustancial de dinero, tal vez mucho más que los $2,925 más comisiones pagadas por los 5 contrato de opciones call. Gracias a que compró 5 contratos de opciones call, solo pierde la prima de las opciones. | El inversionista perderá dinero si ejerce estas 5 opciones. ¿Por qué? Porque pagó $5.85/por acción para ellos. Por lo tanto, solo comienza a ganar dinero si el precio de la acción de Alibaba es superior a la cuota de $75.85. Para usar la terminología de opciones, este $75.85 se conoce como el *punto de equilibrio (break even point)*. Tenga en cuenta que el punto de equilibrio se define como el precio de mercado que debe alcanzar una acción para evitar una pérdida si ejercen la opción. Para el comprador de un call, el punto de equilibrio es el precio de ejercicio más la prima pagada. (Investopedia.com) | El inversionista finalmente comenzará a generar ganancias cuando BABA sea superior a $75.85 más comisiones. Cuanto mayor sea el precio de BABA, mayor será el beneficio de comprar los 5 contratos de opciones call. |

< 49 >

Podemos representar gráficamente los tres escenarios en un diagrama payoff (ganancias y pérdidas) de TradeStation, como se ilustra en la Figura 4.4. Este diagrama es una representación visual de las posibles ganancias y pérdidas de la estrategia de opción "compra de calls" en cualquier periodo de tiempo. Para crear este diagrama, los siguientes datos se grafican a lo largo de los ejes horizontales y verticales, respectivamente.

❖ Los valores graficados en el eje horizontal (eje x) representan los precios de las acciones Alibaba – mostrados en orden, con los precios más bajos en la izquierda y cada vez mayores hacia la derecha..

❖ Los valores graficados en el eje vertical (eje y) representan las ganancias y pérdidas potenciales de las acciones de Alibaba.

***Figura 4.4:*** **Diagrama Payoff para una opción Compra de Call de Alibaba (TradeStation.com)**

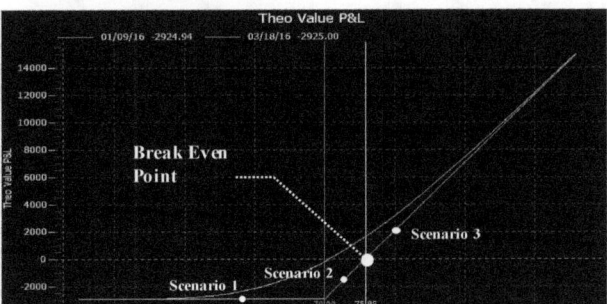

## 4.6.2 ESTRATEGIA DE OPCIÓN *VENTA DE CALLS*

Ahora supongamos que un inversionista piensa que disminuirá el precio de la acción de Alibaba. En otras palabras, es "bajista" en BABA. Vender una opción call no cubierta de la acción de BABA, también es una estrategia bajista. Hay que recordar que se mencionó en la Tabla 4.2 que este tipo de opciones de venta se produce cuando el inversionista no posee las unidades del activo subyacente. Sin embargo, en este caso, el inversionista es un comerciante muy inteligente y él decide vender 5 opciones call de Alibaba con fecha de vencimiento al 19 de marzo. Por lo tanto, cualquier día, hasta e incluyendo el 19 de Marzo, tiene la obligación de vender 500 acciones de Alibaba a $70 por acción. A cambio de esto, inmediatamente recibe las primas de las opciones como resultado. En este caso, en su cuenta se acredita inmediatamente $5.85 × 500 = $2,925 (Tabla 4.5).

< 50 >

**Tabla 4.5:** *Estrategia de Opción Venta de Calls* – *(activo*
*subyacente es la accción de Alibaba)* (www.TradeStation.com)

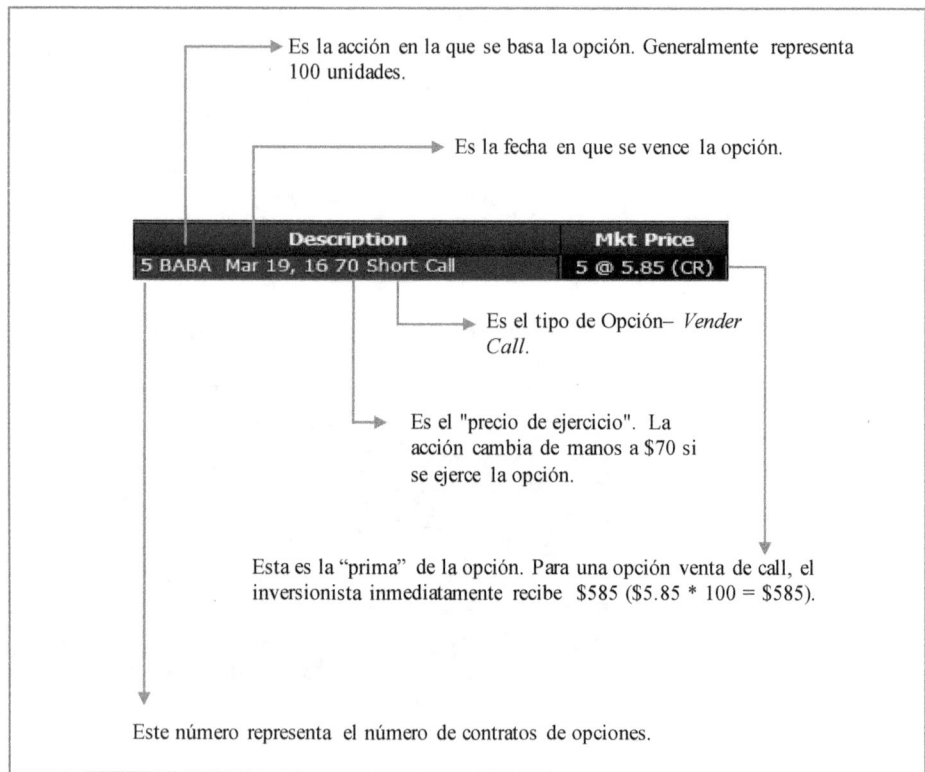

Como lo hicimos para la sección anterior, vamos a analizar los
siguientes tres escenarios en la Tabla 4.6 para ganar un poco de
intuición sobre esta estrategia de venta de calls.

< 51 >

## Tabla 4.6: *Escenarios de precios de las acciones BABA con respecto a la estrategia de opción venta de calls*

| Escenario #1 | Escenario #2 | Escenario #3 |
|---|---|---|
| BABA cae debajo de $70 por acción | BABA está entre $70 y $75.85 por acción | BABA es mayor que $75.85 por acción |
| El contrato de opciones no tiene valor para el comprador y no se ejercerá. Por lo tanto, el vendedor de opciones consigue mantener la prima de $2,925 | El contrato de opciones no tiene valor para el comprador y no se ejercerá. Por lo tanto, el vendedor de opciones consigue mantener la prima de $2,925 | El contrato de opciones ahora es valioso para el comprador y se ejercerá. Hay que recordar que el vendedor de opciones no posee 500 acciones porque entró en un contrato de opciones call no cubiertas. Por lo que teóricamente se expone a pérdidas ilimitadas, como se muestra en la Figura 4.5.<br><br>Este inversionista tendrá que comprar 500 acciones de Alibaba en el mercado, para luego vender estas 500 acciones de Alibaba por $70 por acción.<br><br>Sin embargo, si el inversionista pronostica un gran aumento en el precio de la acción de Alibaba, puede considerar cerrar su posición de opciones call no cubiertas. |

Podemos representar gráficamente los tres escenarios en un diagrama payoff (ganancias y pérdidas) de TradeStation, como se ilustra en la Figura 4.5.

< 52 >

*Figura 4.5*: **Diagrama Payoff para la Opción Venta de Calls de Alibaba (www.TradeStation.com)**

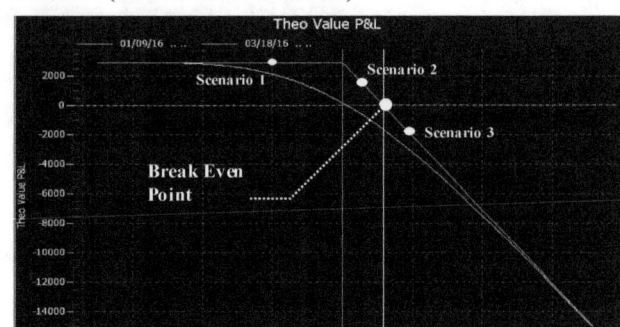

## 4.7 RESUMEN DEL CAPÍTULO

En este capítulo, se introdujeron los siguientes conceptos:

- ❖ Contratos de Opciones
- ❖ Opciones sobre acciones
- ❖ Terminología de Opciones: ejercicio, precio de ejercicio, fecha de expiración, prima, largo contra corto, opciones Americanas, opciones Europeas, punto de equilibrio.
- ❖ Posición Abierta con Posición Cerrada
- ❖ Bajista contra Alcista
- ❖ Calls y Puts
- ❖ Fundamentos Básicos Estrategias de Trading de Opciones: compra de call, compra de put, venta de call, venta de put
- ❖ Calls Cubiertas contra Calls No Cubiertas
- ❖ TradeStation: Símbolos de Opciones
- ❖ Ilustraciones de estrategias de opciones call: compra de calls, venta de calls
- ❖ Diagrama Payoff (perdidas y ganancias)

Por favor, recuerde que en la introducción al Capítulo 3 se presentó un diálogo entre uno de mis ex alumnos de MBA Arjun y un adolescente. Arjun le dijo el adolescente acerca de los beneficios y riesgos de vender opciones calls cubiertas. Con seguridad puede decir que lo que hemos presentado en este capítulo le ayudará a desarrollar una base sólida sobre del trading de opciones, y ahora le permitirá dominar la estrategia de calls cubiertas que analizaremos con mayor detalle en los capítulos siguientes Esto, mis amigos, será su estrategia blindada que les ayudará a obtener ingresos.

< 53 >

# REFERENCIAS

Options Clearing Corporation (OCC), *Characteristics and Risks of Standardized Options, [Caracteristicas y Riesgos de Opciones Estandarizadas]*, http://www.optionsclearing.com/components/docs/riskstoc.pdf, 1994.

Options Industry Council (OIC), *Options Education Program, [Programa Educativo de Opciones]*, http://www.optionseducation.org/en.html, 2016.

Investopedia, www.Investopedia.com

TradeStation, www.TradeStation.com

< 54 >

# CAPÍTULO 5

## GRADO DE DINERO DE LAS OPCIONES

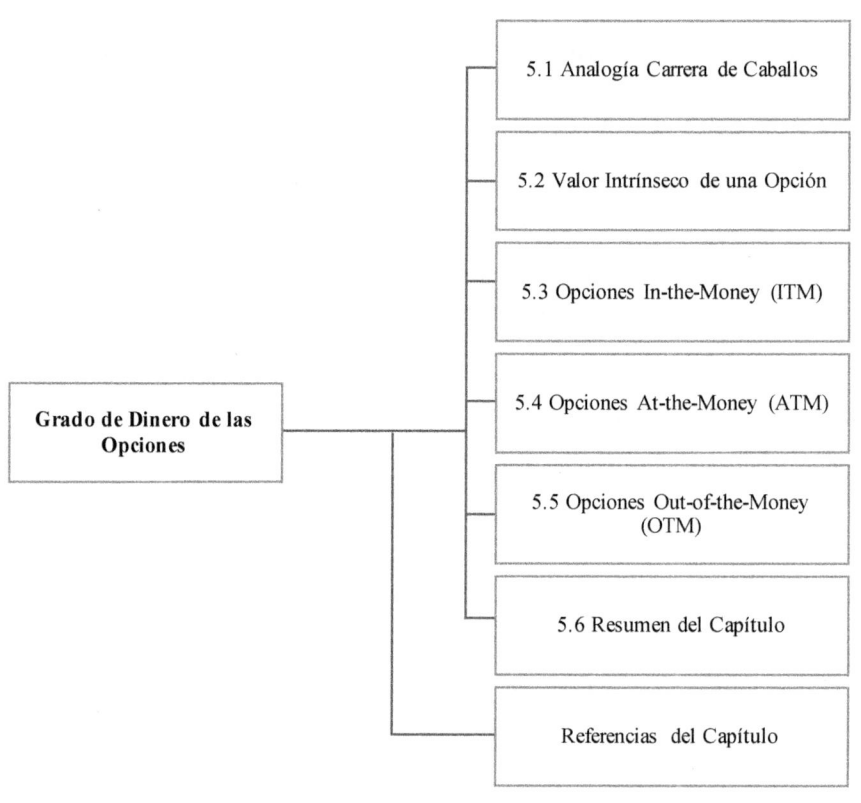

Grado de Dinero de las Opciones

- 5.1 Analogía Carrera de Caballos
- 5.2 Valor Intrínseco de una Opción
- 5.3 Opciones In-the-Money (ITM)
- 5.4 Opciones At-the-Money (ATM)
- 5.5 Opciones Out-of-the-Money (OTM)
- 5.6 Resumen del Capítulo
- Referencias del Capítulo

< 55 >

# CAPÍTULO 5

## GRADO DE DINERO DE LAS OPCIONES

En este capítulo, discutiremos el concepto de "grado de dinero" de las opciones. Esencialmente, el grado de dinero le dice a los titulares de la opción si el ejercicio generará una ganancia.

*Grado de Dinero*

**Definición:** *Grado de dinero* es la posición relativa del precio actual (precio futuro) de un activo subyacente con respecto al precio de ejercicio de un contrato de derivados.

En secciones posteriores de este capítulo, discutiremos e ilustraremos las tres categorías de grado de dinero:
- ❖ *In-the-Money* (ITM)
- ❖ *At-the-Money* (ATM)
- ❖ *Out-of-the-Money* (OTM)

Para ayudar a los lectores a comprender estas tres clasificaciones, examinaremos algunas similitudes entre el trading de opciones y las carreras de caballos.

## 5.1 ANALOGÍA CARRERAS DE CABALLOS

El sitio web *World Federation of Exchanges* proporciona una lista detallada de las bolsas mundiales para el trading de opciones y otros activos financieros (World-exchanges.org). En cierto sentido, estas bolsas de opciones son similares a los circuitos de carreras de caballo. En los hipódromos, hay algunos que están interesados en la compra y venta de caballos. Sin embargo, muchas personas que frecuentan los circuitos lo hacen simplemente para apostar a las carreras de caballos (Investopedia.com).

Consideremos la siguiente analogía del negocio de carreras de caballos (Benklifa, 2011).

**Ejemplo:** Usted apuesta que el caballo llamado *Chestnut* ganará la próxima carrera. Por lo tanto, gasta 10 dólares para apostar por *Chestnut*. Comenzará la carrera de cuatro vueltas y tiene que esperar para ver el resultado hasta el final. Ahora suponga que usted puede comprar o vender su apuesta durante la carrera.

< 56 >

Después de la primera vuelta, su caballo está a la cabeza! Si *Chestnut* sigue liderando, su precioso caballo le traerá una gran fortuna! ¿Debería vender su apuesta o mantenerla? Decide esperar. Sin embargo, *Chestnut* parece estar cansado durante la segunda vuelta y en consecuencia lo pasan otros caballos. Si usted vende su apuesta todavía puede recuperar algo de dinero, o puede esperar y ver que pasa. Ahora *Chestnut* comienza a galopar con gran velocidad en la tercera vuelta y sigue liderando hasta la última vuelta. Desafortunadamente, su caballo *Chestnut* termina en el cuarto lugar y usted no gana nada.

Esta apuesta en carrera de caballos es similar a un trade de opciones. En esta, decidió no comprar el caballo, y solo colocar una apuesta sobre su resultado en la carrera. Del mismo modo, usted puede elegir no comprar una acción; puede, en cambio, comprar una opción sobre la acción. Lo que usted apuesta en su caballo es similar a lo que usted pagó por su opción. Como previamente discutimos en el Capítulo 4, en el mundo de opciones llamamos a esa cantidad de dinero la prima de opciones. La opción caducará después de cierto período de tiempo (al final de la carrera) venda o no venda su apuesta. Puede ganar una gran fortuna si su caballo triunfa en esa carrera, pero no pierde (salvo por la prima) sino gana su caballo.

# 5.2 EL VALOR INTRÍNSECO DE UNA OPCIÓN

Introduzcamos un par de símbolos con notación abreviada. Además, tenemos que definir e ilustrar el valor intrínseco de una opción para facilitar la explicación del grado de dinero de las opciones
El precio de mercado de la acción se denota a menudo como "S." Además, en el mercado de opciones, el precio de ejercicio de una opción se denota a menudo como "k".

**Ejemplo:** Para el caso de las opciones vendidas de BABA en el Ejemplo 4.6.1, denotamos K = $70. Por lo tanto, el inversionista tiene el derecho, pero no la obligación, de comprar BABA por $70 desde la fecha en que el contrato de opción se compró hasta la fecha de expiración del 19 de Marzo 2016.

< 57 >

En el Capítulo 4, introducimos el concepto de *prima* de opciones –
el precio pagado por el comprador por un contrato de opciones.
Como se ilustra en la figura 5.1, la prima de opciones consiste de
dos componentes claves: *valor intrínseco* y *valor temporal*. Vamos
a examinar estos componentes porque nos ayudarán a entender el
grado de dinero de una opción.

*Figura 5.1:* **Componentes de la Prima de Opciones**

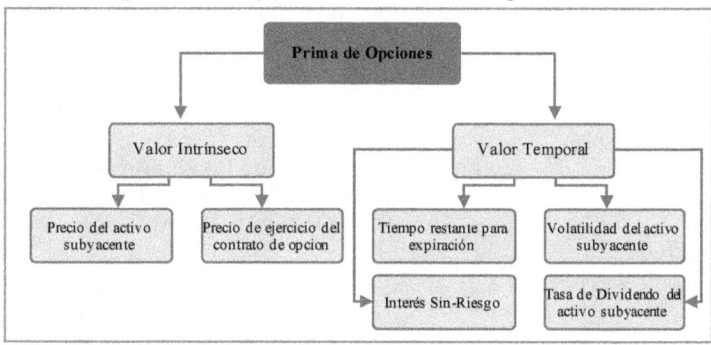

La definición formal del valor intrínseco de una opción es la
siguiente:

*Valor Intrínseco*

***Definición de Valor Intrínseco***
1. Para una opción call, el valor intrínseco es la diferencia
   entre el precio del activo subyacente y el precio de
   ejercicio, es decir, $(S - K)$.
2. Para una opción put, el valor intrínseco es la diferencia
   entre el precio de ejercicio y precio de la acción
   subyacente, es decir, $(K - S)$.
3. En el caso de ambos puts y calls, si el valor de la
   diferencia es negativo, el valor intrínseco es cero. La
   notación matemática de forma abreviada para esta
   tercera parte de la definición de valor intrínseco se
   puede encontrar en la tabla 5.1. Esencialmente, significa
   que el valor intrínseco de una opción es siempre
   positivo o cero. Nunca puede ser negativo.

< 58 >

**Tabla 5.1:** *Valor Intrínseco y Valor Temporal*

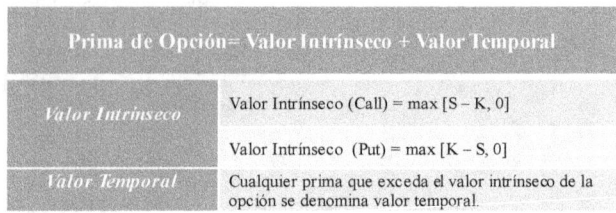

> *Cualquier prima que exceda el valor intrínseco de la opción se denomina valor temporal*

| Prima de Opción= Valor Intrínseco + Valor Temporal | |
| --- | --- |
| Valor Intrínseco | Valor Intrínseco (Call) = max [S – K, 0] |
| | Valor Intrínseco (Put) = max [K – S, 0] |
| Valor Temporal | Cualquier prima que exceda el valor intrínseco de la opción se denomina valor temporal. |

Ilustraremos más el concepto de valor intrínseco en las secciones subsecuentes de ITM ATM y OTM. Sin embargo, antes de hacer eso, echemos un vistazo a un ejemplo del valor intrínseco y el valor temporal de una opción call:

> **Ejemplo:** Supongamos que una opción call tiene una prima total de $9.00. Esto significa que el comprador paga y el vendedor recibe, $9.00 por cada acción y $900 para el contrato de opción sobre 100 acciones. Si la opción tiene un valor intrínseco de $7.00, su valor temporal será de $2.00 por acción – calculado como sigue:

$$Valor\ Temporal = Prima - Valor\ Intrínseco$$
$$= \$9.00 - \$7.00 = \$2.00$$

# 5.3 OPCIONES IN-THE-MONEY (ITM)

Supongamos que usted por inteligente o suerte le apostó a un caballo ganador. Después de la carrera, reclama su recompensa y por lo tanto genera algunas ganancias de su apuesta. Del mismo modo, si su opción call está ITM, esto significa que si usted ejerce su opción, usted puede recibir ganancias. Ahora definamos formalmente cuando una opción está *In-the-Money:*

< 59 >

*In-the-Money*

**Definición:** Una opción está *In-the-Money* si el precio de ejercicio es menor que el precio de mercado de la acción.

En el capítulo anterior, ilustramos lo que sucede cuando el precio de ejercicio es más bajo que el precio de mercado de la acción (sección 4.6.1 y tabla 4.4). En ese ejemplo, un inversionista compró 5 contratos de opción call mediante el pago de una prima de $2,925, en lugar de pagar $34,915 por las 500 acciones de BABA. Recordemos que empezará a obtener ganancia del ejercicio de estas opciones si BABA sube hasta $75.85. Cuanto mayor sea el precio de BABA, mayor será la ganancia de estas 5 opciones call.

Supongamos que en la fecha de vencimiento de opciones del 19 de Marzo de 2016, el precio de mercado de BABA era de $80 (es decir, S = $80). Si es así, esencialmente tenemos el Escenario #3 de la Tabla 4.4. Sin embargo, recuerde que el inversionista compró 5 opciones call sobre acciones con un precio de ejercicio de $70 varios días antes (es decir, K = $70). Por lo tanto, estas opciones están ITM! El inversionista tiene el derecho (pero no la obligación) de ejercer sus 5 opciones. ¿Debe ejercerlas?

- ❖ Si no hubiera comprado estas opciones y estuviera interesado en acciones de BABA, tendría que pagar el precio de mercado de $80 por acción.
- ❖ Sin embargo, siendo inteligente, tuvo la previsión y el conocimiento para adquirir 5 opciones call– es decir, hizo una apuesta sobre el movimiento del precio de BABA primero. Así que, por supuesto debe ejercer estas opciones que están ITM. Entonces puede pagar $70 para obtener una acción de BABA que vale $80 en el mercado

Consulte la figura 5.2 a continuación para ver cuál será su recompensa al ejercer las opciones. Recuerde que tenemos que considerar la prima de $5.85 por acción para calcular el diagrama payoff.

< 60 >

*Figura 5.2:* **Diagrama Payoff para una opción call ITM con precio de ejercicio de $70 (por acción)**

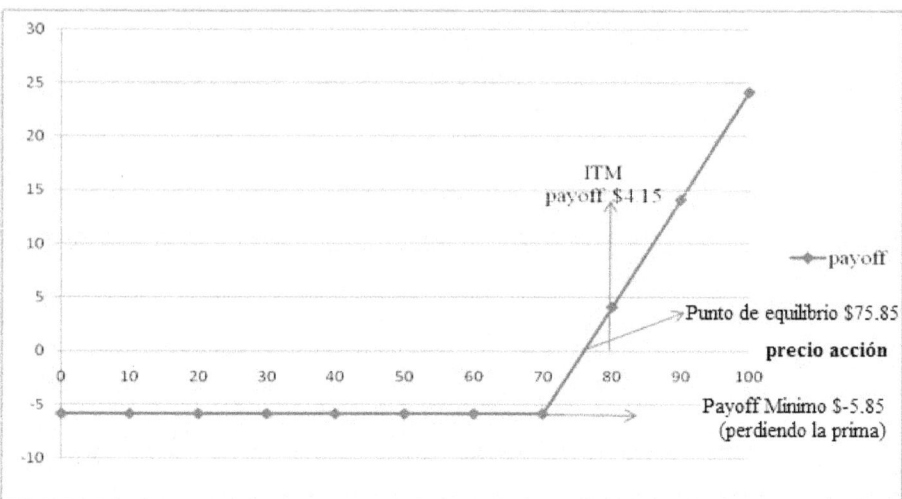

Utilizando la definición de valor intrínseco presentada en la sección 5.1, analicemos si estas 5 opciones ITM tienen valor intrínseco en la fecha de vencimiento. Haciendo un poco de matemáticas, se puede calcular el valor intrínseco de la siguiente manera:

$$\text{Valor Intrínseco} = \max[S\text{-}K,\, 0]$$
$$= \max[\$80 - \$70,\, 0] = \max[\$10,0] = \$10 > 0$$

Por lo tanto, cada una de estas 5 opciones ITM tiene un valor intrínseco de $10 al momento del vencimiento. Tenga en cuenta que no hemos incluido la comisión de corretaje (costo de la compra de una opción call) en los cálculos anteriores. Esto puede variar dependiendo del tipo de cuenta de corretaje que use el inversionista y de cual firma de corretaje se trate.

# 5.4 OPCIONES AT-THE-MONEY (ATM)

Una vez más, revisemos la Tabla 4.4 en el capítulo anterior. Supongamos que en la fecha de vencimiento de las opciones del 19 de marzo de 2016, el precio de mercado de BABA es igual al precio de ejercicio. Es decir, S = K = $70. En este caso, se dice que las opciones están *At-the-Money:*

< 61 >

*At-the-Money*

**Definición:** Una opción se encuentra *At-the-Money* si el precio de ejercicio y el precio de mercado de la acción son el mismo.

El inversionista tiene el derecho (pero no la obligación) de ejercer sus 5 opciones. ¿Debe ejercerlas?

❖ Si no hubiera comprado estas opciones y estuviera interesado en acciones de BABA, tendría que pagar el precio de mercado de $70 por acción.

❖ Sin embargo, en lugar de comprar las acciones BABA, apostó sobre el movimiento del precio de BABA al comprar opciones de BABA. A primera vista, uno podría pensar que es lógico para el inversionista ejercer estas opciones ATM porque S = K. Sin embargo, hay que tener en cuenta la "prima de opciones". En este ejemplo, la prima es $5.85 por acción. Así que cuando el precio de las acciones es igual al precio de ejercicio, ejercer la opción no es rentable. En este caso, el inversionista debe elegir dejar expirar esta opción.

Consulte la figura 5.3 a continuación para ver cuál será su recompensa al ejercer las opciones.

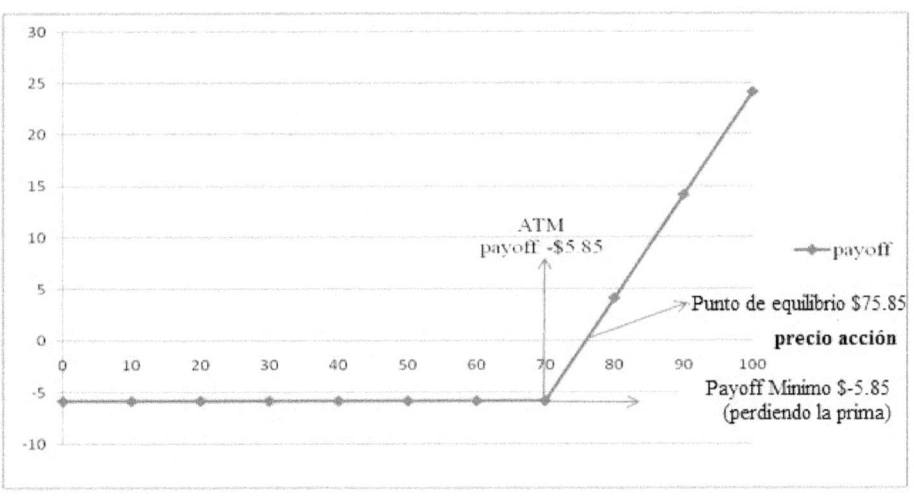

< 62 >

Haciendo un poco de matemáticas, se puede calcular el valor intrínseco de estas 5 opciones call ATM en la fecha de vencimiento de la siguiente manera:

$$\text{Valor Intrínseco} = \max[S\text{-}K, 0]$$
$$= \max[\$70 - \$70, 0] = \max[0,0] = 0$$

Por lo tanto, cada una de estas 5 opciones no tiene valor intrínseco al momento del vencimiento. Para una opción ATM, lo correcto es ignorar la opción – solo deje que las opciones expiren. Sin embargo, perderá la prima que usted pagó por adelantado. Recuerde, nunca se debe ejercer una opción ATM, no tiene valor intrínseco. Tenga en cuenta que una vez más, no hemos incluido las comisiones de corretaje en estos cálculos.

# 5.5 OPCIONES OUT-OF-THE-MONEY (OTM)

Retomemos la analogía de la carrera de caballos. Chestnut está a la cabeza después de la primera vuelta y usted decide no modificar su apuesta. Sin embargo, Chestnut cae a la cuarta posición en la última vuelta. Por lo tanto, ningún ser humano racional pagará un centavo por su apuesta. Esta carrera de caballos es análoga al Escenario #1 en la Tabla 4.4 del capítulo anterior. Supongamos que en la fecha de vencimiento de las opciones del 19 de marzo de 2016, el precio de mercado de BABA es menor que el precio de ejercicio. Para ilustrar esto mejor, suponemos que S = $60 en la expiración. En este caso, se dice que las opciones están *Out-of-the-Money:*

*Out of the Money*

**Definición:** Una opción está *Out-of-the-Money* si el precio de ejercicio es mayor al precio de mercado de la acción.

El inversionista tiene el derecho (pero no la obligación) de ejercer sus 5 opciones. ¿Debe ejercerlas?

❖ Si no hubiera comprado estas opciones y estuviera interesado en acciones de BABA, tendría que pagar el precio de mercado de $60 por acción.

< 63 >

❖ En lugar de comprar las acciones de BABA, apostó sobre el movimiento del precio de BABA al comprar opciones. ¡No tiene sentido para el inversionista ejercer estas opciones! Si puede comprar la misma acción en $60, ¿por qué pagar $70? Así que cuando el precio de ejercicio sea mayor que el precio de las acciones, la opción no será ejercida.

Consulte la Figura 5.4 a continuación para ver cuál será su recompensa al ejercer las opciones.

**Figura 5.4: Diagrama Payoff para una opción call OTM con precio de ejercicio de $70 (por acción)**

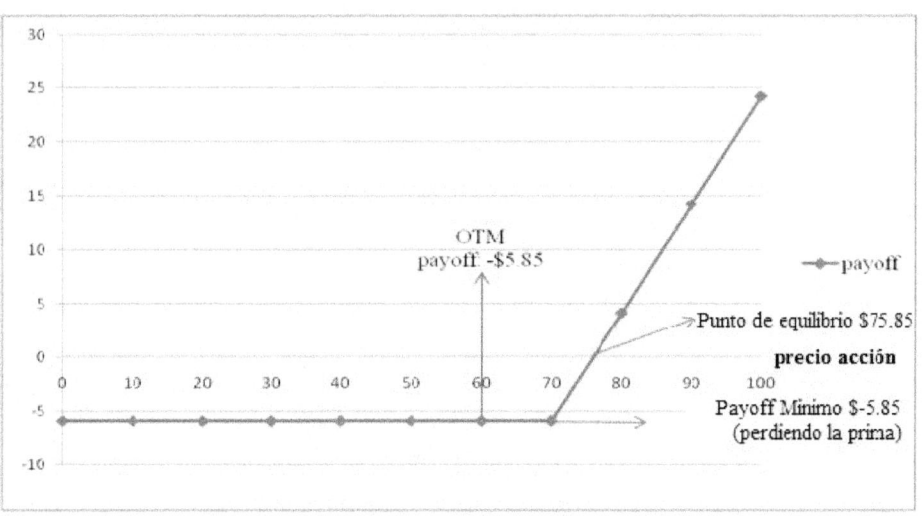

Haciendo un poco de matemáticas, se puede calcular el valor intrínseco de estas 5 opciones call OTM en la fecha de vencimiento de la siguiente manera:

Valor Intrínseco = max[S-K, 0]
= max[$60 - $70, 0] = max[-$10,0] = 0

< 64 >

Por lo tanto, cada una de estas 5 opciones tiene cero valor intrínseco en el momento de vencimiento. Para una opción OTM, lo correcto es ignorar la opción – solo deje que las opciones expiren. Sin embargo, perderá la prima que usted pagó por adelantado. Recuerde, nunca se debe ejercer una opción OTM, no tiene valor intrínseco. Tenga en cuenta que una vez más, no hemos incluido las comisiones de corretaje en estos cálculos.

# 5.6 RESUMEN DEL CAPÍTULO

En este capítulo se discutió el concepto de grado de dinero de las opciones y sus similitudes a las carreras de caballos – como se ilustra en la Tabla 5.2:

**Tabla 5.2:** *Analogía Carrera de Caballos*

|  | Carrera de Caballos | Trade de Opciones |
|---|---|---|
| *Lo que paga por adelantado* | Apuesta | Prima |
| *Activo Subyacente* | Caballo | Acción |
| *Vencimiento* | Final de la Carrera | Fecha de Ejercicio |
| *¿Qué determina las ganancias?* | Posición final del caballo | Precio de la acción |
| *¿Cuál será su ganancia?* | Depende de las probabilidades *(Revisar Nota abajo y la Figura 5.5)* | Depende del tipo de opción y el valor intrínseco |

Nota: En las carreras de caballos, podemos ver las probabilidades antes de apostar. Las probabilidades muestran lo que se puede ganar al apostar $1 dólar. Por ejemplo, un caballo con probabilidad 10-1 (también escrito 10/1), significa que se pueden ganar $10 al apostar $1, si le apuesta el caballo ganador. (Form Ratings).

< 65 >

*Figura 5.5*: **Detalle de las Probabilidades en las Carreras de Caballos**

| NO | CABALLO | EDAD | LR* | 2LR* | 3LR* | 9LR* | VELOCIDAD | FNSH* | TOTAL* | ODDS FCST* |
|----|---------|------|-----|------|------|------|-----------|-------|--------|------------|
| 1 | Who Owns Me (IRELAND) | 6 | 105 | 21 | 25 | 182 | 32 | 10 | 224 | 11/4 |
| 2 | Lieutenant Miller | 6 | 90 | 43 | 20 | 185 | 0 | 8 | 197 | 7/2 |
| 10 | The Good Guy (IRELAND) | 9 | 80 | 19 | 21 | 151 | 31 | 9 | 192 | 6/1 |
| 5 | Nez Rouge (FRENCH) | 11 | 60 | 46 | 20 | 155 | 20 | 7 | 185 | 8/1 |
| 3 | Oscars Secret (IRELAND) | 5 | 70 | 35 | 17 | 153 | 0 | 4 | 158 | 8/1 |
| 9 | Occasionally Yours (IRELAND) | 8 | 61 | 26 | 14 | 128 | 21 | 7 | 157 | 12/1 |
| 4 | Phare Isle (IRELAND) | 7 | 44 | 22 | 12 | 119 | 25 | 11 | 156 | 14/1 |
| 8 | Go Amwell | 9 | 43 | 20 | 13 | 104 | 24 | 6 | 135 | 16/1 |
| 6 | Jive Master (IRELAND) | 7 | 44 | 26 | 10 | 105 | 0 | 5 | 113 | 10/1 |
| 7 | Manshoor (IRELAND) | 7 | 49 | 18 | 9 | 100 | 0 | 7 | 106 | 16/1 |

| | |
|----|----|
| **LR** | Probabilidad última carrera |
| **2LR** | Probabilidad últimas dos carreras |
| **3LR** | Probabilidad últimas tres carreras |
| **9LR** | Probabilidad últimas nueve carreras |
| **FNSH** | Posición Final última carrera |
| **TOTAL** | Calificación Total |
| **ODDS FCST** | Pronóstico |

Con respecto al grado de dinero de las opciones, podemos utilizar la siguiente tabla (Tabla 5.3) para resumir lo que hemos discutido en este capítulo:

< 66 >

Tabla 5.3: *Grado de dinero de las opciones en fecha de vencimiento*

| Opción Call | Precio de Acción de BABA (S) | Precio de Ejercicio (K) | ¿Ejercer? | Valor Intrínseco | Fórmula |
|---|---|---|---|---|---|
| *In the Money* | $80 | $70 | Si | $10 | S>K |
| *At the Money* | $70 | $70 | No | 0 | S=K |
| *Out of the Money* | $60 | $70 | No | 0 | S<K |

Resumimos el *grado de dinero* para comprar una opción call en la Figura 5.6. Para facilitar el concepto de grado de dinero, la figura no considera otros factores como las comisiones.

*Figura 5.6:* **Grado de dinero de la compra de una opción call con precio de ejercicio de $70 (por acción)**

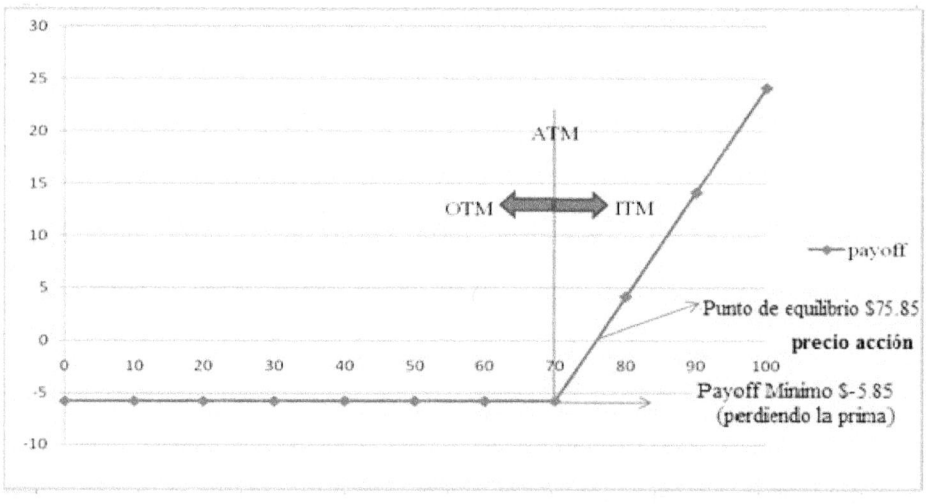

Esperamos que usted pueda ver que con un poco de esfuerzo y práctica, las opciones son relativamente fáciles de entender. Sin embargo, no se sienta abrumado con la nueva terminología. Con el tiempo, se sentirá más cómodo. Esperamos que este capítulo haya ayudado a sentar las bases para la comprensión de lo que está sucediendo en el mercado de opciones. Una vez que domine la información presentada en este capítulo, estará un paso más cerca de conquistar el mundo de opciones y obtener recompensas financieras.

< 67 >

# REFERENCIAS

Benklifa, Michael Hanania, *Profiting with Iron Condor Options: Strategies from the Frontline for Trading in Up or Down Markets, [Beneficios de Opciones Condor de Hierro: Estrategias para Trading en Mercado alcista y bajista]*, FT Press, 2011.

Form Ratings, *What horse ratings look like, [¿Como son las estadísticas de carreras de caballos?]*, http://formratings.co.uk/form-rating-examples/

Investopedia.com, http://www.investopedia.com/terms/i/intrinsicvalue.asp

World-Exchanges.org, *Wfe Members*, http://www.world-exchanges.org/home/index.php/members/wfe-members

< 68 >

# CAPÍTULO 6

## ¡NO SE ENOJE, SALGA ADELANTE!: RESCATES DE WALL STREET PARA MAIN STREET

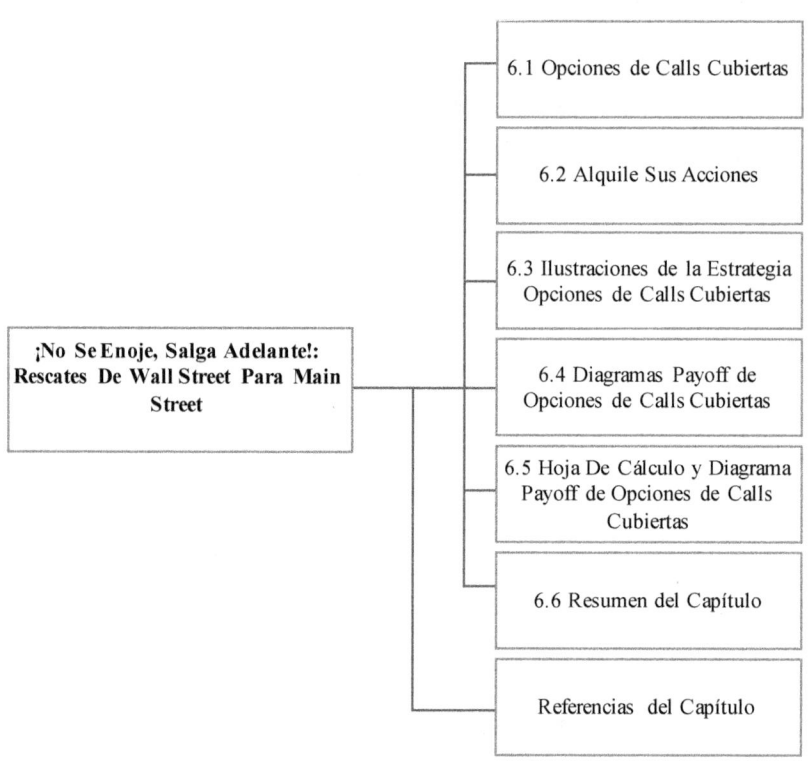

¡No Se Enoje, Salga Adelante!: Rescates De Wall Street Para Main Street

- 6.1 Opciones de Calls Cubiertas
- 6.2 Alquile Sus Acciones
- 6.3 Ilustraciones de la Estrategia Opciones de Calls Cubiertas
- 6.4 Diagramas Payoff de Opciones de Calls Cubiertas
- 6.5 Hoja De Cálculo y Diagrama Payoff de Opciones de Calls Cubiertas
- 6.6 Resumen del Capítulo
- Referencias del Capítulo

< 69 >

# CAPÍTULO 6

## ¡NO SE ENOJE, SALGA ADELANTE!: RESCATES DE WALL STREET PARA MAIN STREET

Recuerde, según lo que se analizó en el Capítulo 4 (tabla 4.2), hay dos tipos de estrategias de venta de opciones: vender – *call cubierta y call no cubierta.*

**Call no Cubierta (Naked Call)**: Se produce cuando el vendedor de opciones no es propietario de los activos subyacentes. Es una estrategia muy riesgosa y no es conveniente para los novatos porque el vendedor está aún obligado a entregar el número específico de acciones del subyacente según el contrato de opciones.

**Call Cubierta (Covered Call)**: Se produce cuando el vendedor de opciones es propietario de las acciones del activo subyacente y quiere hacer algo de dinero extra con estas mismas.

También recuerde que en la sección 4.6, ilustramos la estrategia de una *call no cubierta*. Ahora, en este capítulo, se utilizarán los conocimientos adquiridos hasta el momento para la elaboración de la estrategia de *call cubierta*. Como comentamos en el Capítulo 3, algunos de los beneficios y riesgos de esta estrategia se presentaron en el diálogo entre uno de mis estudiantes MBA y un adolescente:

**Arjun:** La estrategia de calls cubiertas es una gran manera de generar dinero. Básicamente la estrategia consiste en:

❖ Comprar acciones – también conocido como estar largo.

❖ Simultáneamente, vender una opción call– también conocido como estar corto.

> *La estrategia de calls cubiertas es una gran manera de generar dinero. Básicamente, consiste en*
> - *Comprar acciones.*
> - *Simultáneamente vender una opción call o estar corto una opción call*

< 70 >

**Adolescente:** ¿Cuáles son los riesgos y beneficios de la estrategia?

**Arjun:** El beneficio principal es la generación de ingresos adicionales. Piense en ello de esta manera: la bolsa te paga dinero por conservar una acción que ya tienes en tu portafolio. La estrategia funcionará bien si el precio de la acción se eleva ligeramente o permanece igual, mientras que se pueden tener grandes pérdidas si este cae significativamente. La ganancia máxima también puede ser muy alta. La ganancia máxima será básicamente la prima recibida de la opción, más la diferencia entre el precio de "ejercicio" y el precio de las acciones en la expiración.

Usando el material presentado hasta el momento, tenemos una sólida base para dominar la estrategia. Recuerde, la estrategia será su trade blindado que le ayudará a conseguir dinero — *¡Rescates de Wall Street para Main Street!*

# 6.1 OPCIONES DE CALLS CUBIERTAS

Ahora discutiremos las *opciones de calls cubiertas*. El call está "cubierto" porque la obligación potencial de entregar las acciones puede ser realizada con el portafolio de inversión. ¿Son "mejores" las calls cubiertas que las calls no cubiertas? La principal diferencia entre estas dos opciones es la siguiente:

❖ Los vendedores de una opción call no cubierta no son dueños del activo subyacente del contrato de opciones. Por lo tanto, si el precio de la acción aumenta significativamente, los vendedores serán obligados a comprar las acciones al precio actual para poder cumplir con las obligaciones de la opción, y venderlas al precio de ejercicio.

< 71 >

❖ Los vendedores de una call cubierta son dueños del activo subyacente antes de vender el contrato de opciones. Si el precio de la acción aumenta mucho, la opción se ejerce, y los vendedores pueden usar las acciones de su portafolio para cumplir con las obligaciones del contrato de opciones.

Así que en comparación con las opciones call no cubiertas, las opciones call cubiertas son menos riesgosas. Como ilustraremos en secciones posteriores a este capítulo, la estrategia de calls cubiertas proporciona protección a la baja, mientras que permite al inversionista generar ingresos adicionales. Por lo tanto, esta es la razón por la cual muchos traders novatos introducen calls cubiertas en sus portafolios de inversión.

Recuerde los ejemplos de opciones de calls no cubiertas de capítulos anteriores; es decir, ejemplos de opciones call vendidas de BABA a pesar de que el inversionista no es propietario de las acciones. Ahora supongamos que un inversionista desea ejecutar la estrategia de opciones de calls cubiertas, en lugar de una call no cubierta, sobre las acciones subyacentes de BABA. Es decir, el inversionista vende opciones sobre acciones de BABA que ya posee o planea comprar antes de abrir el contrato de opciones.

Para tener consistencia con los ejemplos de una opción call no cubierta del Capítulo 4, supondremos condiciones similares para los ejemplos de opciones de calls cubiertas en este capítulo:

❖ BABA es el activo subyacente del contrato de opciones.
❖ BABA tiene precio de $69.83 por acción al abrir el contrato de opciones call.
❖ La opción call tiene un precio de ejercicio de $70.
❖ La opción call tiene una prima de $5.85 por acción.
❖ La fecha de expiración es el 19 de Marzo del 2016.
❖ El inversionista decide vender 5 contratos de opciones call de 500 acciones de BABA recién compradas. Recuerde que un contrato de opciones se hace sobre 100 acciones.

< 72 >

En resumen, la estrategia del inversionista consiste en las siguientes posiciones:

❖ Comprar 500 acciones de BABA
❖ Simultáneamente, vender 5 opciones call de BABA.

# 6.2 ALQUILE SUS ACCIONES

En caso de que se esté preguntando la razón por la cual un inversionista quisiera hacer la combinación de movimientos requeridos en la estrategia de opciones de calls cubiertas, consideremos el siguiente ejemplo:

**Analogía de Alquiler de Bienes Raíces**: si posee una propiedad pero no está alquilada, usted está dejando dinero sobre la mesa. Sin embargo, una vez que usted alquila su propiedad, usted puede comenzar a generar ingresos extras. A cambio de alquilar de su propiedad, recibirá los pagos de alquiler. Del mismo modo, si posee acciones y decide mantenerlas durante un tiempo, también puede "alquilar sus acciones" para generar algunos ingresos extras vendiendo opciones calls cubiertas sobre estas. A cambio del alquiler, recibirá la prima de la opción de las acciones (Brown, 2016).

Esperemos que esta analogía de bienes raíces le de un poco de intuición en cuanto a por qué los inversionistas inteligentes utilizan la estrategia de calls cubiertas para "alquilar" sus acciones en el mercado. No hay necesidad para que los inversionistas dejen dinero sobre la mesa. En la sección 6.3 discutiremos e ilustraremos cómo "alquilar" sus acciones a través de la estrategia. Además, en la sección 6.4 se presentan los diagramas de payoff de las opciones usando esta estrategia.

< 73 >

# 6.3 ILUSTRACIONES DE LA ESTRATEGIA DE OPCIONES DE CALLS CUBIERTAS

Así como se hizo en el Capítulo 4 para la estrategia de opciones naked call, vamos a analizar varios escenarios para ganar un poco de intuición sobre la estrategia de calls cubiertas.

**Escenario #1: BABA cae de $69.83 a $63 por acción.**
S=$63 y K=$70. Las opciones están OTM y no tienen valor intrínseco. Nadie ejercerá esta opción, por lo tanto, el inversionista conservará la prima y sus acciones de BABA. Recuerde, la prima es de $5.85 por acción y el inversionista vendió 5 opciones call sobre 500 acciones, por lo que la prima total a recibir es de $5.85*500=$2,925. Sin embargo, el inversionista perderá algo de su ganancia por retener las acciones: $69.83-$63=$6.83 por acción debido a la caída en precio de las acciones de BABA. La perdida total, es de $6.83*500=$3,415. El flujo de efectivo total del inversionista es $2,925-$3,415=-$490. Por lo tanto, en este caso, la estrategia proporcionó cierta protección a la baja por la caída en el precio de las acciones de BABA.

**Escenario #2: BABA cae de $69.83 a $63.98 por acción.**
Las opciones también están OTM y no tienen ningún valor intrínseco. Por lo tanto, estas opciones no serán ejercidas, pero el inversionista perderá $69.83-$63.98=$5.85 por acción porque disminuyó el precio de BABA. La pérdida total de las 500 acciones de BABA es de $5.85*500=$2,925. Como en el escenario #1, el inversionista recibe $2,925 de primas. Por lo tanto, el flujo de efectivo total del inversionista es de $2.925-$2,925=0. Una vez más, la estrategia proporcionó cierta protección a la baja por la caída en el precio de las acciones de BABA.

< 74 >

**Escenario #3: BABA cae de $69.83 a $68 por acción.**
S=$68 y K=$70. Las opciones siguen siendo OTM y no tienen ningún valor intrínseco. No se ejercerán y el inversionista podrá mantener la prima de $2,925. Sin embargo, el inversionista pierde $69.83-$68=$1.83 por acción, el total es de $1.83*500=$915. Por lo tanto, el flujo de efectivo total del inversionista es de $2,925-$915=$2,010. Una vez más, la estrategia ha proporcionado cierta protección a la baja de las acciones de BABA. Sin embargo, gracias a la estrategia, el inversionista todavía obtiene algunas ganancias a pesar de que el precio de la acción de BABA cayó de $69.83 a $68

**Escenario #4: BABA sube de $69.83 a $70 por acción.**
Ahora el precio de la acción de BABA es el mismo que el precio de ejercicio. Esta opción está ATM, aunque tiene cero valor intrínseco. Por lo tanto no será ejercida, y el inversionista puede conservar la prima de $2,925. Además, el inversionista también gana $70-$69.83=$0.17 por cada acción que posee, por un total de $0.17*500=$85. Por lo tanto, el flujo de efectivo total del inversionista es de $2,925+$85=$3,010.

**Escenario #5: BABA sube de $69.83 a $78 por acción.**
Por desgracia, el inversionista estaba en el lado equivocado del mercado cuando eligió esta opción call. Estas opciones están ITM y serán ejercidas. Pero afortunadamente, el inversionista es dueño de las acciones BABA y las tiene en su portafolio. Ahora tiene que vender BABA a $70 por acción a los titulares de las opciones a pesar de que valen $78 por acción. Por lo tanto, si el inversionista compró las acciones a $69.83 por acción y las vendió a $70 por acción, solo ganará $0.17 por cada acción, dando un total de $85, como se calculó en el escenario 4. Además, el inversionista ya recibió la prima de las opciones ($2,925) acreditada a su cuenta de inversión.

< 75 >

Por lo tanto, el flujo de efectivo total es de $2,925+$85 =$3,010. En caso de que el precio de la acción subyacente tenga un aumento significativo, como de $69.83 a $78 por acción, un inversionista inteligente puede considerar cerrar esta posición – como se definió en el Capítulo 4. De esta manera, será capaz de tomar ventaja del gran aumento en el precio de la acción de BABA.

Para ayudar a nuestros lectores a digerir estos cinco escenarios de opciones de calls cubiertas y comprender mejor cómo se comportan las opciones respecto a cambios en el precio de las acciones subyacente, hemos recopilado todos los análisis en la tabla 6.1.

❖ Podemos ver que cuando cae el precio de la acción de BABA, la prima recibida proporciona cierta protección a la baja. Por ejemplo, en el escenario #3, el precio de las acciones de BABA cayó pero el inversionista todavía obtuvo una ganancia. Más explícitamente, la estrategia proporcionó protección a la baja mientras que permitió al inversionista generar ingresos extras.

❖ Si comparamos los resultados de los escenarios #4 y #5 en la tabla 6.1 a esos en la tabla 4.6, vemos que cuando aumenta el precio de las acciones, los vendedores de las opciones de calls cubiertas ganan más que los de opciones de calls no cubiertas. Sin embargo, vemos también que las ganancias son limitadas en el caso de las opciones de calls cubiertas. Es decir, lo máximo que el inversionista puede ganar de esta estrategia es $3,010.00 –sin importar lo que el precio de las acciones aumente. Nota: La única forma en que el inversionista puede tomar ventaja del aumento en el precio de las acciones, es cerrando la posición de las opciones de calls cubiertas.

.

< 76 >

**Tabla 6.1:** *Escenarios de Cómo la Estrategia de Opciones de Calls Cubiertas Cambia con Respecto a los Precios de la Acción de BABA*

| Flujo de Efectivo | Escenario #1 | Escenario #2 | Escenario #3 | Escenario #4 | Escenario #5 |
|---|---|---|---|---|---|
| Precio Original de la Acción | $69.83 | $69.83 | $69.83 | $69.83 | $69.83 |
| Precio Actual de la Acción | $63.00 | $63.98 | $68.00 | $70.00 | $78.00 |
| Grado de Dinero | OTM | OTM | OTM | ATM | ITM |
| Prima | $5.85 | $5.85 | $5.85 | $5.85 | $5.85 |
| Precio de Ejercicio (K) | $70.00 | $70.00 | $70.00 | $70.00 | $70.00 |
| Ganancia: Retener Acciones | ($3,415.00) | ($2,925.00) | ($915.00) | $85.00 | $4,085.00 |
| Ganancia: Ejercer Opciones | $0.00 | $0.00 | $0.00 | $0.00 | ($4,000.00) |
| Ganancia: Prima | $2,925.00 | $2,925.00 | $2,925.00 | $2,925.00 | $2,925.00 |
| Flujo de Efectivo Total | ($490.00) | $0.00 | $2,010.00 | $3,010.00 | $3,010.00 |

# 6.4 DIAGRAMAS PAYOFF PARA LAS OPCIONES DE CALLS CUBIERTAS

Como comentamos en la sección 6.1, la estrategia implica dos tipos de operaciones: compra acciones y venta de opciones call. Ahora ilustraremos gráficamente la estrategia mediante el uso de los siguientes diagramas payoff:

**Diagrama Payoff #1** es por la compra de acciones de BABA.

**Diagrama Payoff #2** es por vender opciones de call no cubiertas con acciones de BABA como activo subyacente.

**Diagrama Payoff #3** es por vender opciones de calls cubiertas sobre las acciones de BABA.

Nota: Mostraremos cómo el diagrama payoff #3 es una combinación del #1 y #2.

< 77 >

*Figura 6.1:* Payoff por retención de acciones de BABA stock (500 acciones)

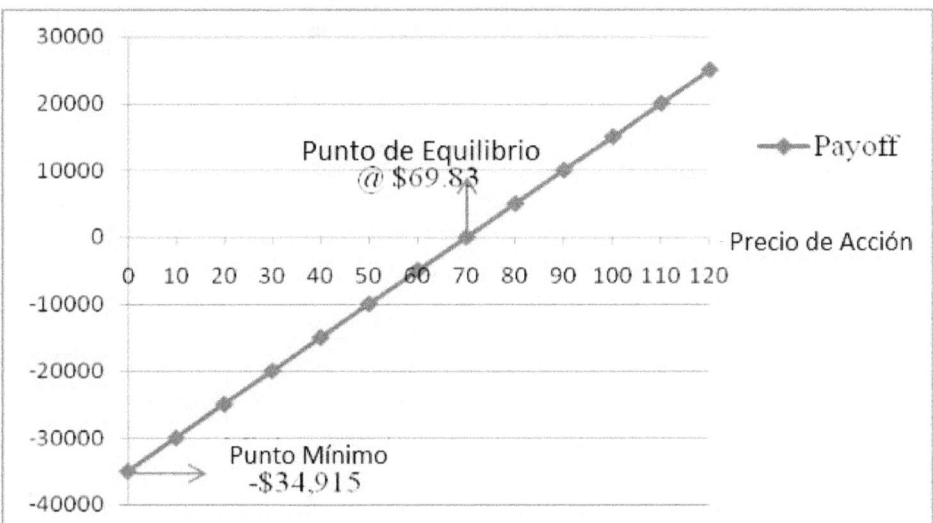

*Figura 6.2:* Payoff por vender calls no cubiertas (naked call) de acciones de BABA (5 opciones call)

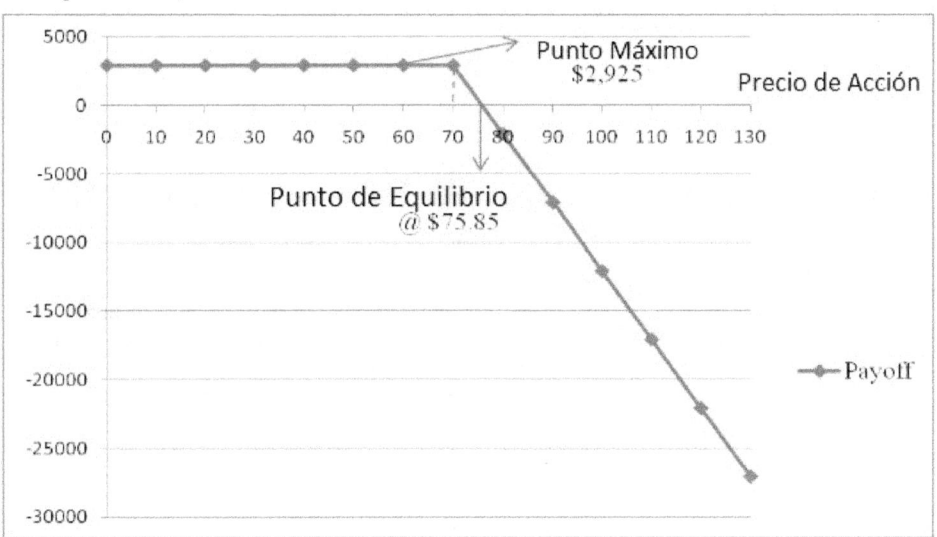

< 78 >

Recuerde que nuestro trade de opciones de calls cubiertas consiste en dos movimientos: comprar 500 acciones de BABA y vender 5 opciones call. Por lo tanto, el diagrama payoff es simplemente la suma de los gráficos de la Figura 6.1 y Figura 6.2 – resultando en la Figura 6.3.

*Figura 6.3:* **Diagrama Payoff por la venta de una opción de call cubierta de BABA (500 acciones y 5 opciones call)**

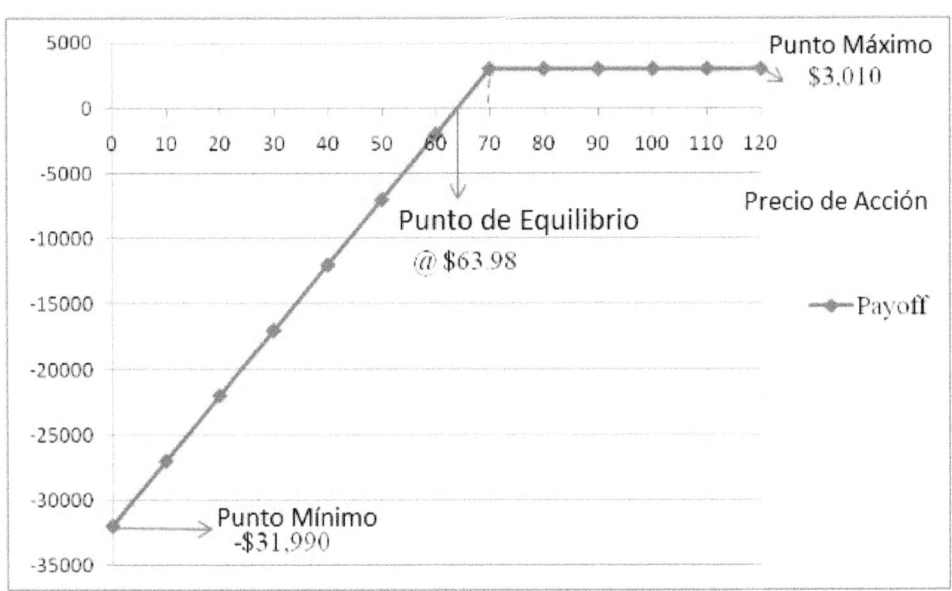

# 6.5 HOJA DE CÁLCULO Y DIAGRAMA PAYOFF DE UNA OPCION DE CALL CUBIERTA

Como se observa en la figura 6.4, hemos desarrollado una hoja de cálculo y diagrama payoff de calls cubiertas para nuestros lectores. Está disponible en nuestro sitio web www.MainStBailout.com. Esta calculadora podrá ayudarlo a analizar sus estrategias de opciones de calls cubiertas y a graficar los diagramas payoffs. Esperemos que esta calculadora le ayude a convertirse en un hábil trader de opciones.

< 79 >

*Figura 6.4:* Hoja de Cálculo de una Opción Call Cubierta

| Datos de Entrada | |
|---|---|
| Precio Original ( S₀) | $65.00 |
| Prima ( c ) | $5.85 |
| Número de Acciones | 500 |
| Número de Opciones | 5 |
| Precio de Ejercicio "Strike" ( K ) | $66.00 |
| Precio Actual | $70.00 |

| Calculadora Payoff | |
|---|---|
| Grado de Dinero de la Opción | ITM |
| Flujo de Efectivo Retener Acciones | $2,500.00 |
| Flujo de Efectivo venta de call no cubierta | $925.00 |
| Flujo de Efectivo venta de call cubierta | $3,425.00 |
| Punto de Equilibrio venta de call no cubierta | $71.85 |
| Punto de Equilibrio venta call cubierta | $59.15 |

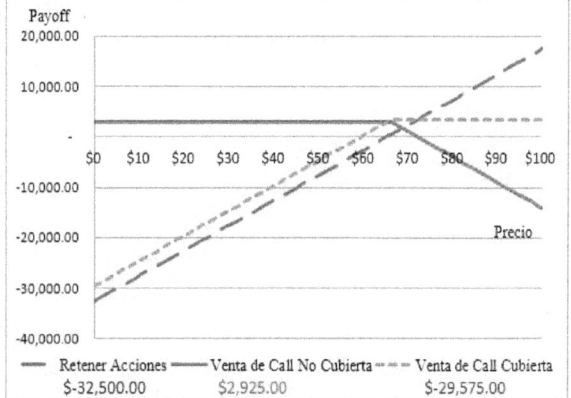

# 6.6 RESUMEN DEL CAPÍTULO

En este capítulo, se discutió lo siguiente:

- ❖ Cómo hacer dinero con el alquiler de sus acciones, usando opciones de calls cubiertas.
- ❖ Cinco escenarios para ilustrar las características únicas de la estrategia.
- ❖ Cómo la estrategia proporciona cierta protección a la baja cuando el precio de las acciones disminuye significativamente.
- ❖ Cómo la estrategia ayuda a generar algunos ingresos adicionales cuando el precio de las acciones es relativamente plano.
- ❖ Una hoja de cálculo para las opciones de call cubiertas que se puede obtener en nuestro sitio web www.MainStBailout.com (Figura 6.4)
- ❖ La diferencia entre vender una call cubierta, call no cubierta y retener acciones – como se resume en la Tabla 6.2 siguiente.

< 80 >

**Tabla 6.2:** *Flujo de Efectivo para Calls Cubiertas, Calls No Cubiertas y Retener Acciones*

| Flujo de Efectivo | Opción OTM | Opción ATM | Opción ITM |
|---|---|---|---|
| Precio Original de la Acción | $69.83 | $69.83 | $69.83 |
| Precio Actual de la Acción | $63.00 | $69.83 | $78.00 |
| Prima | $5.85 | $5.85 | $5.85 |
| Precio de Ejercicio ( K ) | $70.00 | $70.00 | $70.00 |
| Ganancia: Retener Acciones | ($3,415.00) | $0.00 | $4,085.00 |
| Ganancia: Ejerciendo Opciones | $0.00 | $0.00 | ($4,000.00) |
| Ganancia: Prima | $2,925.00 | $2,925.00 | $2,925.00 |
| Flujo de Efectivo Total: Venta de una Call Cubierta | ($490.00) | $2,925.00 | $3,010.00 |
| Flujo de Efectivo Total: Venta de una Call No Cubierta | $2,925.00 | $2,925.00 | ($1,075.00) |
| Flujo de Efectivo Total: Solo Retener Acciones | ($3,415.00) | $0.00 | $4,085.00 |

¡Así que, de ahora en adelante, cuando se enoje por los rescates de los bancos de Wall Street, recuerde que usted no necesita enojarse - sólo salir adelante usando opciones de calls cubiertas!

< 81 >

# REFERENCIAS

Tradestation, www.tradestation.com

Brown, Thomas, "Rent Your Stock to Riches." *Rapid Profit Formula, [Alquile sus Acciones a los Ricos]*, http://rapidprofitformula.net/rent-your-stock-to-riches/, 2016.

< 82 >

# CAPÍTULO 7

## CALLS CUBIERTAS: BENEFICIOS, RIESGOS Y ANÁLISIS FODA

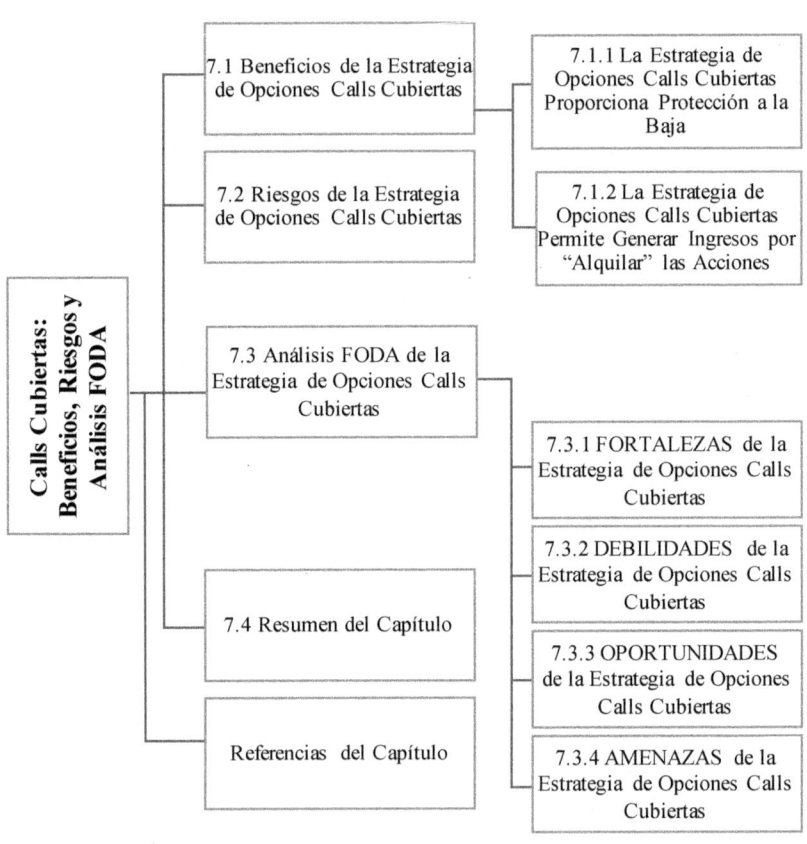

< 83 >

# CAPÍTULO 7

## CALLS CUBIERTAS: BENECIOS, RIESGOS Y ANALISIS FODA

En los capítulos 3 al 6 discutimos e ilustramos la estrategia de opciones de calls cubiertas. Este tipo de estrategia de generación de ingresos con bajo riesgo se basa en el supuesto de que el precio de las acciones subyacente aumentará ligeramente o permanecerá sin cambios durante la vida del contrato de opciones. En este capítulo, destacaremos los beneficios potenciales y riesgos de la estrategia. Este análisis puede encontrarse en las secciones 7.1 y 7.2. Además, en la sección 7.3, presentamos un análisis FODA de la estrategia utilizado para examinar cómo factores externos e internos afectan este tipo de estrategia.

## 7.1 BENEFICIOS DE LA ESTRATEGIA DE OPCIONES DE CALLS CUBIERTAS

Para ilustrar y resumir los beneficios de la estrategia a nuestros lectores y mantener cierta consistencia con los capítulos anteriores, consideraremos condiciones similares para los ejemplos en este capítulo:

- ❖ BABA es el activo subyacente en el contrato de opción call.
- ❖ BABA tiene un precio de $69.83 por acción cuando la opción call es abierta.
- ❖ La opción call tiene un precio de ejercicio de $70.
- ❖ La opción call tiene una prima de $5.85 por acción.
- ❖ La fecha de vencimiento es el 19 de Marzo del 2016.
- ❖ El inversionista decide vender 5 contratos de opciones call sobre 500 acciones de BABA compradas recientemente. Recuerde que un contrato de opciones call implica 100 acciones.

< 84 >

En resumen, la estrategia consiste en las siguientes posiciones:

- ❖ Comprar 500 acciones de BABA – eso es, estar largo de 500 acciones de BABA
- ❖ Simultáneamente, vender 5 opciones call de BABA – eso es, estar corto 5 opciones call de BABA

En los capítulos anteriores hemos presentado varios diagramas payoff para ilustrar los beneficios generados cuando se utiliza la estrategia. Para enfatizar los beneficios y los riesgos asociados con la estrategia, incluimos la siguiente pantalla (Figura 7.1), mostrando los precios de las acciones BABA del 10 de febrero de 2016 a 30 de marzo de 2016. Observe que el precio de la acción BABA era ligeramente superior a $74.50 por acción en la fecha de vencimiento 19 de marzo de 2016.

***Figura 7.1:*** **Precio de las acciones de Alibaba Group Holding Ltd. (BABA) (Tradestation.com)**

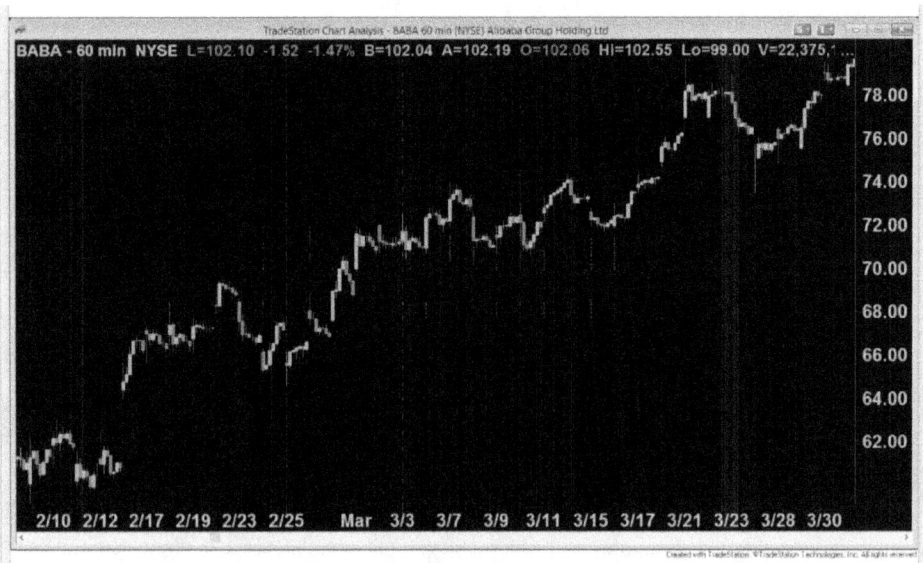

Utilizaremos estos datos y la terminología de los contratos de opciones para ilustrar los dos beneficios mas importantes de la estrategia:

*1. Protección a la baja*
*2. Ingresos del "Alquiler de Acciones"*

< 85 >

## 7.1.1 LA ESTRATEGIA DE OPCIONES DE CALLS CUBIERTAS PROPORCIONA "PROTECCIÓN A LA BAJA"

Favor de tomar en cuenta que en las Tablas 7.1 a 7.3 únicamente ilustraremos los beneficios más importantes que reciben los inversionistas al usar la estrategia; otros beneficios serán descritos en la Sección 7.3 – en la que se incluye un análisis FODA para la estrategia.

Como se discutió e ilustró en la sección 6.3, la estrategia proporciona cierta protección a la baja cuando disminuye el precio de las acciones. En otras palabras, la estrategia es una manera de proteger su patrimonio. Consideremos un escenario donde el precio de BABA cae de $69.83 a $63 por acción. En la Tabla 7.1 se comparan las pérdidas *con* y *sin* la aplicación de la estrategia.

**Table 7.1:** *Beneficios de Protección a la Baja*

| BABA cae de $69.83 a $63 por acción. | |
|---|---|
| *SIN estrategia* | El precio por acción antes de la opción es de $69.83. Debido a las condiciones adversas del mercado adversas, el precio actual de BABA cae a $63. Por lo tanto, la pérdida total para el inversionista debido a esta baja del precio de las acciones es ($69.83-$63)*500 = -$3,415. |
| *CON estrategia* | Afortunadamente, el inversionista fue muy inteligente y decidió vender cinco opciones call cubiertas de las 500 acciones de BABA antes de que el precio cayera de $69.83 a $63. |
| | Por lo que ahora, el precio por acción de BABA es de $63 y el precio de ejercicio de la opción es de $70. Esta opción está OTM y no tiene ningún valor intrínseco. No se ejercerá esta opción, por lo tanto, el inversionista puede conservar la prima de las opciones (por un valor total de $5.85*500 = $2,925) y conservar sus acciones de BABA. |
| | En esta situación, el flujo de efectivo del inversionista es de $2,925-$3,415 =-$490. En comparación con el flujo de efectivo del escenario *SIN* (-$3,415), esta pérdida de -$490 hace al inversionista "feliz." |
| | Por lo tanto, observamos que la estrategia proporcionó al inversionista cierta protección a la baja cuando el precio de las acciones de BABA cayó de $69.83 a $63 por acción. |

< 86 >

## 7.1.2 LA ESTRATEGIA DE OPCIONES DE CALLS CUBIERTAS PERMITE A LOS INVERSIONISTAS GENERAR INGRESOS POR "ALQUILAR" SUS ACCIONES

Favor de tomar en cuenta la analogía de bienes raíces presentada en la Sección 6.2 del capítulo anterior.

Si es propietario de acciones y decide retenerlas durante un tiempo, también puede "alquilar sus acciones" para generar algunos ingresos extras vendiendo opciones call. A cambio del alquiler de sus acciones, recibirá la prima de la opción de las acciones alquiladas. Esta estrategia, aunque conservadora, puede ser más lucrativa que simplemente "esperar y rezar" a que aumente el precio de sus acciones.

En las Tablas 7.2 y 7.3, ilustramos la manera en que la estrategia se puede usar para generar ingresos en condiciones de mercado alcista (bullish) y bajista (bearish), respectivamente.

**Tabla 7.2:** *Beneficio del "Alquiler de Acciones" en Mercados Bajistas*

| BABA cae de $69.83 a $68 por acción | |
|---|---|
| *SIN estrategia* | El precio por acción antes de la opción es de $69.83. Debido a condiciones de mercado bajista, el precio actual de BABA es de $68. Por lo tanto, la ganancia total sobre las acciones de BABA es ($69.83-$68)*500=$915. |
| *CON estrategia* | Por lo que ahora, el precio por acción de BABA es de $68 y el precio de ejercicio de la opción es de $70. Esta opción sigue estando OTM y no tiene valor intrínseco. No se ejercerá la opción, por lo tanto, el inversionista puede conservar la prima de las opciones (por un valor total de $5.85*500 = $2,925) y conservar sus acciones de BABA. |
| | En esta situación, el flujo de efectivo del inversionista es de $2,925-$915 =$2,010. En comparación con el flujo de efectivo del escenario *SIN*, la ganancia con la estrategia es +$2,010. |
| | Por lo tanto, observamos que aun en un mercado ligeramente bajista, los inversionistas pueden generar ingresos adicionales por el alquiler de la acciones de sus portafolios. |

< 87 >

**Tabla 7.3:** *Beneficios del "Alquiler de Acciones" en Mercados Alcistas*

| BABA aumenta de $69.83 a $70 por acción | |
|---|---|
| *SIN estrategia* | En esta situación, el inversionista felizmente obtendrá los ingresos generados por el aumento en el precio de la acción de BABA: ($70-$69.83)*500 = $85. |
| *CON estrategia* | Ahora el precio por cada acción de BABA es igual al precio de ejercicio. Esta opción está ATM. Sin embargo, la opción tiene valor intrínseco cero. No se ejercerá esta opción y, por lo tanto, el inversionista puede mantener la prima de opciones (por un valor total de $5.85 * 500 = $2,925) y conservar sus acciones de BABA. |
| | Adicionalmente, el inversionista también genera $70-$69.83 = $0.17 por cada acción que posee. Sus acciones de BABA generan $0.17 * 500 = $85. Por lo tanto, el flujo de efectivo total del inversionista es de $2,925 + $85 = $3,010. |
| | En comparación con el flujo de efectivo del escenario *SIN*, la ganancia con la estrategia es $3,010. Por lo tanto, vemos que en un mercado ligeramente alcista, los inversionistas pueden generar ingresos adicionales por el alquiler de las acciones de su portafolio. |

En conclusión, los inversionistas inteligentes pueden beneficiarse al utilizar la estrategia en mercados alcistas y bajistas.

# 7.2 RIESGOS DE LA ESTRATEGIA DE OPCIONES DE CALLS CUBIERTAS

Ninguna estrategia de trading puede garantizar que el inversionista generará ganancias 100% de las veces, esto incluye la estrategia opciones de calls cubiertas. En la Tabla 7.4, examinaremos algunos riesgos potenciales que los inversionistas pudiesen enfrentar cuando utilizan la estrategia. En la tabla, únicamente ilustraremos los riesgos más significantes. Describiremos otros riesgos en la Sección 7.3. El ejemplo en la Tabla 7.4 ilustra la manera en la cual un inversionista puede perder ingresos potenciales debido a la apreciación del activo subyacente al utilizar la estrategia.

< 88 >

**Tabla 7.4:** *Riesgos de la Estrategia de Opciones de Calls Cubiertas*

| BABA aumenta de $69.83 a $78 por acción |
| --- |

| | |
| --- | --- |
| **SIN** *estrategia* | En esta situación, el inversionista felizmente obtendrá los ingresos generados por el aumento en el precio de la acción de BABA: ($78-$69.83)*500=$4,085. |
| **CON** *estrategia* | Ahora el precio por cada acción de BABA es de $78, y el precio de ejercicio sigue siendo de $70. Desafortunadamente, el inversionista está en el lado incorrecto del mercado por escoger esta opción call.

La opción se encuentra ITM, por lo que será ejercida. Pero, la buena noticia es que el inversionista posee las acciones de BABA en su portafolio. Por lo tanto, tiene que vender cada acción en $70 aunque actualmente tengan valor de $78 en el mercado.

Si el inversionista compró las acciones por $69.83 cada una, y las vende a $70, solo generará $0.17 por cada acción. Esto da una ganancia total de $0.17*500=$85 más $2,925 de la prima de las opciones. Por lo tanto, el flujo de efectivo total del inversionista resulta en $2,925+$85=$3,010.

Comparando el flujo de efectivo de $4,085 del escenario *SIN* estrategia, con el flujo de efectivo generado *CON* la estrategia de $3,010, podemos concluir que el inversionista queda "insatisfecho"

Nota: Como se explica en el escenario #5 de la sección 6.3, el inversionista puede considerar cerrar las posiciones de las opciones de calls cubiertas en esta situación que es muy alcista. |

< 89 >

# 7.3 ANÁLISIS FODA PARA LA ESTRATEGIA DE OPCIONES DE CALLS CUBIERTAS

Un análisis FODA se aplica comúnmente en la planificación de negocios. Esta metodología permite identificar fácilmente los factores que pueden influir en el logro de sus metas, así como evaluar sus efectos. Puesto que la influencia de cada factor puede ser positiva o negativa, y ser interna o externa a un negocio, estos factores pueden clasificarse en cuatro categorías, organizadas en la llamada matriz FODA. Esta consiste en una matriz de 4 por 4 donde uno puede agrupar los factores clasificados como interno o externo, y ventajoso o desventajoso para alcanzar una meta. (Pahl y Richter, 2007), (Investopedia)

En relación a la temática de este libro, nuestra meta general, y la meta de la estrategia, consiste en la obtención de los ingresos más altos con el dinero invertido en nuestro portafolio. Los componentes del FODA – a ser discutidos en las secciones 7.3.1 a 7.3.4 – son los siguientes:

* ❖ **F**ortalezas de la estrategia de opciones de calls cubiertas
* ❖ **O**portunidades de la estrategia de opciones de calls cubiertas
* ❖ **D**ebilidades de la estrategia de opciones de calls cubiertas
* ❖ **A**menazas de la estrategia de opciones de calls cubiertas

## 7.3.1 FORTALEZAS DE LA ESTRATEGIA

*La Estrategia de Opciones de Calls Cubiertas es una de las estrategias más rentables de inversión de bajo riesgo.*

❖ Es una de las estrategias más rentables de inversión de bajo riesgo.
❖ No requiere ningún margen puesto que el activo subyacente cubre las opciones vendidas.
❖ Es una estrategia de opciones con riesgo relativamente bajo, que permite generar ingresos adicionales de una acción.
❖ Puede ser utilizada para crear protección a la baja y gestionar el riesgo de su portafolio.
❖ Permite a los inversionistas recibir todos los dividendos corporativos.

< 90 >

❖ Para una cuenta de retiro IRA, la mayor ventaja de la estrategia es el beneficio fiscal. Cuando se genera dinero a través de la estrategia en su cuenta de retiro (IRA), el IRS no cobra impuestos a las ganancias en forma anual como en una cuenta de corretaje tradicional. Como resultado, cuando una persona se jubila, no tiene que pagar impuestos por el ingreso generado con la estrategia, esto considerando que se tuvo la cuenta durante al menos 5 años y quizá con algunas limitaciones adicionales, dependiendo del tipo de cuenta de retiro. (Epstein, 2016)

❖ Puede cambiar una especulación agresiva a una inversión conservadora.

❖ Puede ser utilizada en la mayoría de las condiciones de mercado.

❖ Los inversionistas pueden votar como accionistas.

## 7.3.2 DEBILIDADES DE LA ESTRATEGIA

❖ El ingreso potencial se limita al precio de ejercicio de la opción.

❖ Grandes ganancias a corto plazo no siempre son posibles.

❖ Se renuncia a posibles aumentos futuros en el precio de las acciones.

❖ El uso de la estrategia requiere una importante curva de aprendizaje y compromiso de tiempo

❖ Puede no ser conveniente para los inversionistas que retienen acciones por un corto periodo de tiempo.

❖ Las primas pueden generar menos ingresos si la fecha de caducidad se encuentra cercana. Sin embargo, las opciones a largo plazo tienen mayor riesgo de mercado.

❖ Dependiendo de la astucia de cada persona, un portafolio relativamente grande se puede llegar a requerir para usar la estrategia de manera eficiente; de lo contrario, las tarifas del broker consumirán las ganancias.

*Grandes ganancias a corto plazo no siempre son posibles.*

< 91 >

### 7.3.3 OPORTUNIDADES DE LA ESTRATEGIA

> *30-35% de los contractos de opciones expiran sin valor*
> .

❖ Los inversionistas pueden esperar un flujo inicial de efectivo en sus cuentas.
❖ Funciona bien para inversiones a largo plazo.
❖ Con las herramientas adecuadas de trading, los inversionistas pueden ganar dinero extra desde la comodidad de su casa, esto en lugar del siempre "esperar y rezar" a que suba el precio de las acciones en su portafolio.
❖ 30-35% de los contractos de opciones expiran sin valor.
❖ La estrategia es suficientemente conservadora para permitirse dentro de una cuenta de retiro (IRA) y de otros planes de jubilación con impuestos diferidos.

### 7.3.4 AMENAZAS DE LA ESTRATEGIA

> *Se pueden perder grandes ingresos potenciales cuando el precio de la acción aumenta bruscamente.*

❖ Su uso es más apropiado para generar ganancias constantes; por lo tanto, no puede ser ideal para los inversionistas que buscan obtener grandes ganancias en un corto periodo de tiempo.
❖ Los inversionistas son vulnerables a los imprevistos positivos en el mercado.
❖ Los inversionistas pueden perder grandes ingresos potenciales cuando los precios de las acciones aumentan bruscamente.
❖ Los inversionistas pueden perder cierta flexibilidad en la gestión de sus activos.
❖ Para los inversionistas novatos, puede ser inicialmente difícil averiguar cuáles opciones call pagan primas decentes.

En resumen, un matriz FODA adaptada para las opciones de calls cubiertas puede encontrarse en la figura 7.2.

< 92 >

*Figura 7.2:* **Análisis FODA para Estrategia de Opciones de Calls Cubiertas**

## FORTALEZAS

**Factores Internos Ventajosos**
- Estrategia de Inversión Rentable de Bajo Riesgo
- Sin Margen Requerido
- Ingresos Adicionales en las Acciones que Posee
- Puede Proporcionar Protección a la Baja
- Puede Recibir Dividendos de Acciones
- Beneficios Fiscales para la Cuenta de Retiro
- Estrategia de Inversión Conservadora
- Altamente Aplicable
- Inversionistas Conservan su Derecho a Votar

## DEBILIDADES

**Factores Externos Desventajosos**
- Ganancias Potenciales son Limitadas
- No Siempre es Dinero Rápido
- Mucho Tiempo Requerido para Aprender la Estrategia
- No Siempre Adecuado para la Inversión a Corto Plazo
- No Siempre Genera Grandes Ganancias
- Puede Requerir un Portafolio de Inversión Bastante Grande

## F D
## O A

## OPORTUNIDADES

**Factores Externos Ventajosos**
- Flujo de Efectivo Inicial
- Perfecto para Inversión a Largo Plazo
- 30-35% de los Contractos de Opciones Expiran Sin Valor
- Estrategia de Opción Permitida dentro del Plan de Retiro

## AMENAZAS

**Factores Externos Desventajosos**
- Ningún Beneficio Rápido y Grande
- Vulnerable a Mercado Alcista
- Perder Ganancias Potenciales en Mercado Alcista
- Perder Flexibilidad
- Debe Considerar el Costo de Oportunidad
- Necesidad de Encontrar la opción Call con una Prima Decente

< 93 >

Mientras que estas consideraciones se tomen en cuenta, la estrategia puede ser una excelente técnica de trading con bajo riesgo para generar ingresos extras. Adicionalmente, de acuerdo a las estadísticas publicadas por Chicago Board Options Exchange (CBOE), queremos recalcar el hecho que de 30 a 35% de las opciones en la bolsa expiran sin valor cada año. Este hecho es clave – listado en la sección de oportunidades en nuestros análisis FODA (Figura 7.2) – y una buena noticia para el vendedor de una call cubierta. Si la opción no se ejerce, el vendedor recibe el dinero de la prima y conserva las acciones con las que ya contaba. (Chicago Board Options Exchange), (Ellman, 2015)

Esta estrategia de opciones permitirá a los inversionistas con perfil de bajo riesgo a explorar el potencial de sus acciones para generar ingresos, en lugar de simplemente mantenerlas en un estado "inactivo". Esta estrategia blindada es análoga a los inversionistas de bienes raíces, que rentan bienes a cambio de un pago aceptable.

# 7.4 RESUMEN DEL CAPÍTULO

En este capítulo, discutimos lo siguiente:

- ❖ Los beneficios más importantes de la estrategia.
- ❖ Los riesgos más relevantes para los usuarios que utilicen la estrategia.
- ❖ Un análisis FODA para explicar otros factores que pudiesen influenciar el desempeño de la estrategia.

< 94 >

# REFERENCIAS

Chicago Board Options Exchange, www.cboe.com/

Ellman, Alan, "Percentage of Options Expiring Worthless: Debunking a Myth," *The Blue Collar Investor [Porcentaje de Opciones que Expirán Sin Valor]*, http://www.thebluecollarinvestor.com/, 2015.

Epstein, Lita, *How Much Are Taxes on an IRA Withdrawal? [¿Cuantos Son Los Impuestos en una Cuenta de Retiro?]*, http://www.investopedia.com/articles/personal-finance/021015/how-much-are-taxes-ira-withdrawal.asp, 2016.

Investopedia, "SWOT Analysis," [Análisis FODA]. www.Investopedia.com

Pahl, Nadine and A. Richter, *SWOT Analysis. Idea, Methodology and a Practical Approach [Análisis FODA. Idea, Metodología y Enfoque Práctico]*, http://www.grin.com/en/e-book/124554/swot-analysis-idea-methodology-and-a-practical-approach, 2007.

< 95 >

# ÍNDICE

**Localizadores con 't' son tablas y localizadores con 'f' son figuras.**

Alibaba Group Holding Limited, 46–53
  precios de acciones prices para, 85f
  activos subyacentes, 46f
opciones americanas, 40–41
*American Transfer State*, 14
concentración de activos, estadísticas, bancos, 12f
activos, subyacentes, 31, 39
At-the-Money (ATM) opciones, 61–63
  valor intrínseco, 63
  payoff de, 62f
BABA acción
  call cubierta, diagramas payoff diagrams para, 79f
  retener, diagramas payoff para, 78f
  venta de opciones call, diagramas payoff para, 78f
  bail-ins bancos, ejemplo de, 34
  bailouts bancos, 2–3
  rescates secretos, 24
  en la the Euro Zona, 13
  estadísticas, 25t
  en EE.UU, 24
  bancos bailouts vs bail-ins, 34–35
  Confianza en el Sistema bancario, 11
bancos
  concentración de activos, estadísticas, 12f
  activos y derivados, 11f
Bajista vs Alcista, 42
Bernanke, Ben, 11
bonos, emisión de, 21
Brexit mercado relacionado, viii
estrategia blindada de trading, reacciones a, vii–viii
Bajista vs Alcista, 42
*Bureau of Engraving and Printing* (BEP), 20
Bureau of Labor Statistics (BLS), 5–6
Bush, George W., 11
estrategias compra de call, 44t, 45
  Alibaba acción ejemplo, 47–50

hoja de cálculo excel, para opciones de calls cubiertas, 79–80
opciones call
  cubierta, 4, 70–73
  no cubierta, 70
  valor temporal y valor intrínseco, 59
opciones call estrategias, ejemplos de, 46–50.
opciones call símbolos, 46
flujo de efectivo
  para opciones de calls cubiertas, 81t
  comprar acción, 81t
  naked call options, 81t
Verificación, Calls Cubiertas, 6
Chicago Board Options Exchange (CBOE), 94
posiciones cerradas, 41
Consumer Protection Act, 24
contratos, derivados, 39
calculadora calls cubiertas, 79–80, 80f
Call Cubierta lista de verificación, 6
opciones de calls cubiertas estrategia, 4, 30–31, 44t, 70–73, 86
  beneficio de, 70–71, 84–85
  hoja de cálculo para, 79–80
  flujo de efectivo para, 81t
  Y protección a la baja, 86t
  oportunidades de, 92
  diagramas payoff para, 77–79
  riesgos de, 88–89, 89t
  escenarios para, 73–76, 77t
  alquiler de acciones rentals y, 87–88
  fortalezas de, 90–91
  FODA análisis de, 90–94, 93f
  amenazas de, 92
  debilidades de, 91
calls cubiertas estrategias, 45
Cox, Christopher, 11

< 96 >

**Locators with 't' are tables and locators with 'f' are figures.**

deuda, global, 32
  estadísticas, 32
derivados, definición de, 31–32
derivados contratos, 39
derivados pirámide, 33–34
Dodd-Frank Reforma de Wall Street, 24
protección a la baja, 86t
  beneficio de, 86t


Emergency Economic Stabilization Act (2008), 11
Euro Zona, 13
Opciones Europeas, 40–41
precio de ejercicio, 40
ejerciendo opciones, 56
fecha de vencimiento, 40
Exter, John, 32
Pirámide de Exter, 32, 33f


Fed: Reserva Federal, vi–vii
  rescates secretos de, 14
    estructura de, 19f
  GAO auditoría de, 24
  como un banco central independiente, 18
  bancos miembors de, 17–18
  distribución de ingresos netos, 18
  estructura operative de, 19
  propiedad de, 15–18
  e impresión de dinero, 19–20
  accionistas de, 17
Federal Reserve Act, 16, 18
crisis financiera (2007-2009), 2
  resumen de, 2f
Fu, Jiacheng, xii


GAO auditoría, 24
GPP (PIB), Estados Unidos., 24
deuda global, 32
gobierno, deuda y, 11
Grecia, rescates programas para, 13

Han, Xiaogang, xii
Hegel, Georg Wilhelm Friedrich, 2
  *Dialéctica Hegeliana*, 2
analogía Carrera de caballos, 56–57, 63, 65t, 66f


inflación, creación de, 23
In-the-Money( ITM) opciones, 59–61
  payoff de, 61f
valor intrínseco
  de ATM call opciones, 63
  definición de, 58
  de ITM call opciones, 61
  de OTM call opciones, 64–65
inversionistas, bajo riesgo, perfil, 94
ITM call opciones, 59–61
  valor intrínseco, 61
  payoff de, 61f


Kennedy, John Fitzgerald, vi


derivados, 11
London Connection, The, 17
long stock, cash flow for, 81t
*Largo contra Corto*, 41
inversionistas, bajo riesgo, perfil, 94


Main Street, trading de calls cubiertas y, 81
Opciones de calls cubiertas
*Posgrado en Finanzas* programas, vi
Banco Miembro, 16
  definición de, 16
dinero, devaluación de, 23
grado de dinero, 67f, 67t
  definición de, 56
crisis hipotecaria, subprima crisis,, 10, 24
Mullins, Eustace, 17–18
  *Los Secreto de la Reserva Federal*, 17

< 97 >

**Localizadores con 't' son tablas y localizadores con 'f' son figuras.**

Opciones naked call, 44*t*, 70, 71
   Flujo de efectivo, 81*t*
deuda nacional, Estados Unidos., 12
distribución de ingresos, 18

*Operaciones de Mercado Abierto (OMA)*, 20
opciones
   Valor intrínseco, 57
   grado de dinero de, 66–67
   naked, 71
   prima, 57, 58, 59*t*, 62
   acción, 39–40
contrato opciones, 39
   definición de, 39
prima opciones, 41, 59*t*, 62
   componentes de, 58
estrategia de opciones, fundamentos de, 43
OTM opciones call
   valor intrínseco, 64–65
   payoff de, 64*f*
Out-of-the-Money (OTM) opciones, 63–65

Paulson, Henry, 11
payoff diagrama
   acción BABA
      Opción call cubierta, 79*f*
      retener, 78*f*
      vender opciones call, 78*f*
   opción call cubierta, calculadora hoja de
   cálculo para, 79–80
   diagramas payoff, 53
   y estrategia de opciones call cubiertas, 77–79
prima, 41, 57
estructura piramidal, 32

analogía de bienes raíces, 73
Bancos Regionales Reserva Federal, 15, 15*f*, 18
alquilar acciones, 4, 5*f*, 73
cuenta de retiro y opciones call cubiertas, 31
Dinastía bancaria Rothschild, 17
Estructura piramidal, 32

venta de opciones call estrategias, 50–53
venta (write) call estrategias, 44*t*
   Alibaba acción ejemplo, 50–53
shell game, 21–23, 22*t*, 23*t*
Shi, Xuyan, xii
Corto contra Largo, 41
Snyder, Michael, 32
crisis deuda soberana definición, 13
Sreekumar, Arjun, 30–31, 70–71
inversiones acciones, propósito de, 4
líquidez del mercado, 4
   opciones sobre acciones, 39–40
   terminología usada con, 40–42
   tipos de, 42, 42*t*
alquiler de acciones, 4, 5*f*, 73, 87–88
   en mercados bajistas, 87*t*
   en mercados alcistas, 88*t*
strike (ejercicio) precio, 40, 60
crisis hipotecas subprime, 10, 24
Análisis FODA, de estrategia calls cubiertas, 90–94, 93*f*

TARP Rescate, 24
terminología, opciones sobre acciones, 40–42
*The Secrets of the Federal Reserve* (Mullins), 17
valor temporal, 58
TradeStation, 7
TradeStation símbolos de trading, 40, 45–46
Bonos del tesoro, 20
Troubled Asset Relief Program (TARP), 10–11

activos subyacentes, 31, 39
Tasa de desempleo
   Cálculo de, 5–6
   Octubre 2016, 5*t*
Bancos Estados Unidos, *Exposición a Derivados*, 34*t*
Deuda Nacional Estados Unidos, 12, 24
*World Federation of Exchanges*, 56
Estrategias venta de call, 45

Xue, Jingyuan, xii

< 98 >